Cuando el pastor Ruddy Gracia no  la adversidad, lo hace por una sóli inquebrantable en Dios y su Palabra! Y es desde esa plataforma que nos comunica principios bíblicos que pueden ayudarnos a navegar las aguas más inestables de la vida hasta llevarnos al puerto seguro del propósito divino para cada uno de nosotros. He conocido a Ruddy durante más de dos décadas y soy testigo de que su pasión por Dios no se apaga, su fe es contagiosa y su integridad indiscutible. Su caminar de fe lo ha llevado a forjar una familia extraordinaria y comprometida con Dios, así como una comunidad cristiana revolucionaria y pujante.

De modo que presta atención a este mensaje, viene del corazón de Dios y puede cambiar tu perspectiva de la vida para siempre.

—Danilo Montero, pastor asociado de la Iglesia Lakewood

Tengo el privilegio de conocer al pastor Ruddy desde la adolescencia. Ambos le entregamos nuestra vida al Señor Jesucristo en la misma iglesia de la ciudad de Santo Domingo, República Dominicana, creciendo juntos en lo que respecta a las convicciones y los fundamentos de la Palabra, la fe, la pasión por Cristo, la compasión por las almas y el evangelismo. Los años han pasado y después de varias décadas el pastor Ruddy y su esposa, la pastora María Gracia, dirigen uno de los ministerios hispanos más importantes y de mayor influencia tanto en el estado de la Florida como a lo largo y ancho de todos los Estados Unidos de América. Hoy vemos los resultados en sus vidas de haber honrado a Dios. Un fruto que evidencia que han pagado un gran precio, sirviendo a Cristo sin reservas desde su juventud, atravesando circunstancias difíciles, venciendo obstáculos sin conformarse al sistema de este siglo ni al status quo, trastornando las fuerzas de las tinieblas y saliendo triunfantes, llevando las marcas de las batallas hasta llegar a la cima y proseguir adelante hacia nuevas cumbres en Dios. Ellos son un ejemplo de una generación que ha creído y demostrado que seguir a Jesús vale la pena. ¡No deje de leer estas verdades y testimonios de un hombre que ha sabido vencer la adversidad!

—Aquiles Azar, pastor de la Iglesia Centro de Fe

Mi amigo, Ruddy Gracia, es un luchador. A través de los años lo he visto esforzarse ante la adversidad y alcanzar la victoria en muchas batallas, manteniéndose siempre fiel al Señor y convencido de la identidad que él le ha otorgado como su hijo y heredero de sus promesas. Así que nadie como Ruddy para revelarnos principios y herramientas exitosos que nuestro Padre nos enseña a través de su Palabra de vida. Con este libro renovarás tu fe, podrás tomarte de la mano de Dios, y avanzarás con paso seguro por el camino correcto hacia la victoria que tienes asegurada. Al leerlo, te convencerás de que tu Padre celestial te ama, te guía y te ha hecho más que vencedor.

—Dr. Cash Luna, pastor de la Iglesia Casa de Dios

Si alguien puede abordar este tema y desarrollarlo con toda libertad, es mi amigo Ruddy Gracia. En los diecinueve años que llevamos de amistad, he conocido de forma personal las adversidades de toda clase que ha tenido que enfrentar y cómo ha salido victorioso de cada una de ellas. Eso habla del carácter, la autoridad, la valentía, el atrevimiento y la fe de este gran hombre de Dios, excelente padre, buen esposo y gran amigo. Estoy seguro de que este libro te ayudará en tu propia batalla contra la adversidad. ¡No dejes de leerlo!

—Carlos Ortiz, pastor, presidente y fundador de Ministerio de Restauración

Conocí al pastor Ruddy Gracia en Cristo para las Naciones en Dallas, Texas, hace más de veintitrés años. En ese entonces él era un joven apasionado por servir al Señor y con incontables sueños en su corazón. Han pasado muchos años, pero en la actualidad puedo observar en Ruddy la misma pasión por Dios y su reino. Y aunque muchos de sus sueños se han cumplido, todavía continúa soñando con cumplir los propósitos divinos y hacer realidad todo lo que está en el corazón de Dios.

Este libro que tienes en tus manos representa el fruto de la experiencia de vida de un hombre que no solo es exitoso, sino que ha vencido la adversidad y continúa avanzando hacia lo que Dios le ha dado como meta.

—Joe Rosa, evangelista y pastor

VENCE
LA ADVERSIDAD

TRIUNFANDO DONDE OTROS PIERDEN

PASTOR RUDDY GRACIA

La misión de Editorial Vida es ser la compañía líder en satisfacer las necesidades de las personas con recursos cuyo contenido glorifique al Señor Jesucristo y promueva principios bíblicos.

VENCE LA ADVERSIDAD
Edición en español publicada por
Editorial Vida – 2013
Miami, Florida

©2013 por Ruddy Gracia

Este título también esta disponible en formato electrónico y audio·libro.

Edición: *Madeline Díaz*
Diseño interior: *Grupo Nivel Uno, Inc.*

ISBN: 978-0-8297-5861-0

CATEGORÍA: Vida cristiana / Crecimiento espiritual

IMPRESO EN ESTADOS UNIDOS DE AMÉRICA
PRINTED IN THE UNITED STATES OF AMERICA

13 14 15 16 17 ❖ 6 5 4 3 2 1

DEDICATORIA

Este libro está dedicado a Dios, quien no solo nos ha instruido con los principios que contiene, sino que nos ha ayudado a salir adelante en cada conflicto que hemos atravesado. De esa manera, él nos ha hecho un ejemplo de cómo triunfar frente a la adversidad.

«¡Oh Dios nuestro! ¿no los juzgarás tú? Porque en nosotros no hay fuerza contra tan grande multitud que viene contra nosotros; no sabemos qué hacer, y a ti volvemos nuestros ojos» (2 Crónicas 20:12).

AGRADECIMIENTOS

Quiero dar gracias primeramente a nuestro Señor Jesucristo, a mi esposa, la pastora María, a mis cuatro hijos, Vanessa, Ruddy Jr., Jesse y Joel, por estar a mi lado en todo momento.

Asimismo, quiero agradecer a mi preciosa congregación Segadores de Vida, al cuerpo de Cristo, y a todos los ministros y amigos en el evangelio, quienes han sido una inspiración para mí.

CONTENIDO

Segunda parte: Conozcamos al enemigo

Tercera parte: Pasos para vencer la adversidad

PRÓLOGO

La Biblia afirma: «Mas a Dios gracias, el cual nos lleva siempre en triunfo en Cristo Jesús, y por medio de nosotros manifiesta en todo lugar el olor de su conocimiento» (2 Corintios 2:14). Así que démosle gracias a Dios, porque hemos nacido para triunfar. Ruddy lo expresa de esta forma: «Los problemas, las calamidades y la aflicción son parte de la vida y resultan necesarios, porque al final, sin guerras no hay victorias». ¡Y yo estoy de acuerdo con él! Cuando recibimos a Jesús en nuestro corazón, él nos ofrece perdón y vida eterna, además de darnos la victoria en todo lo que emprendamos. Dios quiere que desarrollemos el carácter de los vencedores, algo que logramos cuando vivimos y hacemos todo para su gloria. Triunfar, según la Biblia, significa sobreponerse a algo o alguien, superar un obstáculo, no permitir que las circunstancias nos dominen. De modo que consagrarnos al Señor como el único que gobierna nuestra vida es la mejor forma de prepararnos para vencer la adversidad.

Jesús es un triunfador y comparte con nosotros su victoria. Él despojó a los principados y las potestades de todo lo que nos habían quitado y anuló los decretos en nuestra contra (véase Colosenses 2:13-15). ¡Así que no te des por vencido, sino considérate un vencedor!

Cuando te rindes y dices: «No puedo más», estás pensando solo en tus propias fuerzas. No obstante, cuentas con la victoria de Cristo y la fortaleza que él desea proporcionarte, así que puedes darte por vencedor. ¡Asume una actitud positiva ante la adversidad; decídete a escoger la mejor postura, la que te ha otorgado Jesús!

Los problemas buscan separarnos del amor de Cristo, sin embargo, las Escrituras nos enseñan que esto es imposible: «¿Quién nos separará del amor de Cristo? ¿Tribulación, o angustia, o persecución, o hambre, o desnudez, o peligro, o espada? [...] Antes, en todas estas cosas somos más que vencedores por medio de aquel que nos amó. Por lo cual estoy seguro de que ni la muerte, ni la vida, ni ángeles, ni principados, ni potestades, ni lo presente, ni lo por venir, ni lo alto, ni lo profundo, ni ninguna otra cosa creada nos podrá separar del amor de Dios, que es en Cristo Jesús Señor nuestro» (Romanos 8:35-39). Somos más que vencedores porque nuestro Señor peleó contra el pecado derramando su propia sangre, y nosotros recibimos el perdón sin necesidad de padecer. Por su herida fuimos curados, así que al pedir sanidad puedes obtenerla, ya que él la alcanzó para ti. Se hizo pobre para que fuéramos enriquecidos, de modo que financieramente también hemos vencido. Nuestro Señor sufrió, murió y resucitó para darnos la vida eterna. ¡Cristo nos da la victoria! Así que agradece su gracia y no la desprecies con pensamientos de derrota.

Cuando me preguntan: «¿Qué tengo que hacer para vencer la adversidad?», mi respuesta es: «Nacer de nuevo en Cristo Jesús para recibir su victoria». «Porque todo lo que es nacido de Dios vence al mundo; y esta es la victoria que ha vencido al mundo, nuestra fe. ¿Quién es el que vence al mundo, sino el que cree que Jesús es el Hijo de Dios?» (1 Juan 5:4-5). El éxito depende de nuestra fe en el Señor. Si esta decae, enfrentamos solos al mundo; por el contrario, si nos mantenemos creyendo en sus promesas, triunfaremos. Ante cualquier dificultad, piensa: *Seré capaz de vencer este problema, lo haré creyendo y confiando en la fuerza del Señor, solo él sabe lo que es mejor para mi vida.* ¡Descansa en tu fe para triunfar!

Si ya no tienes fuerzas, si no soportas más, cambia tu enfoque. No le entregaste tu vida al Señor para darte por vencido. Esa batalla por tu familia, por recuperarte financieramente, por recobrar la salud... ¡ya está ganada! Ruddy Gracia nos ofrece una guía práctica para luchar con fe. De cara a la adversidad, dile al Señor: «No me doy por vencido, me considero un vencedor, porque tú ya me otorgaste la victoria sobre el mundo».

—Dr. Cash Luna, pastor de la Iglesia Casa de Dios

«PASADAS ESTAS COSAS, ACONTECIÓ QUE LOS HIJOS DE MOAB Y DE Amón, y con ellos otros de los amonitas, vinieron contra Josafat a la guerra. Y acudieron algunos y dieron aviso a Josafat, diciendo: Contra ti viene una gran multitud del otro lado del mar, y de Siria; y he aquí están en Hazezon-tamar, que es En-gadi. Entonces él tuvo temor; y Josafat humilló su rostro para consultar a Jehová, e hizo pregonar ayuno a todo Judá. Y se reunieron los de Judá para pedir socorro a Jehová; y también de todas las ciudades de Judá vinieron a pedir ayuda a Jehová. Entonces Josafat se puso en pie en la asamblea de Judá y de Jerusalén, en la casa de Jehová, delante del atrio nuevo; y dijo: Jehová Dios de nuestros padres, ¿no eres tú Dios en los cielos, y tienes dominio sobre todos los reinos de las naciones? ¿No está en tu mano tal fuerza y poder, que no hay quien te resista? Dios nuestro, ¿no echaste tú los moradores de esta tierra delante de tu pueblo Israel, y la diste a la descendencia de Abraham tu amigo para siempre? Y ellos han habitado en ella, y te han edificado en ella santuario a tu nombre, diciendo: Si mal viniere sobre nosotros, o espada de castigo, o pestilencia, o hambre, nos presentaremos delante de esta casa, y delante de ti (porque tu nombre está en esta casa), y a causa de nuestras tribulaciones clamaremos a ti, y tú nos oirás y salvarás. Ahora, pues, he aquí los hijos de Amón y de Moab, y los del monte de Seir, a cuya tierra no quisiste que pasase Israel cuando venía de la tierra de Egipto, sino que se apartase de ellos, y no los destruyese; he aquí ellos nos dan el pago viniendo a arrojarnos de la heredad que tú nos diste en posesión. ¡Oh Dios nuestro! ¿no los juzgarás tú? Porque en nosotros no hay fuerza contra tan grande multitud que viene contra nosotros; no sabemos qué hacer, y a ti volvemos nuestros ojos. Y todo Judá estaba en pie delante de Jehová, con sus niños y sus mujeres y sus hijos. Y estaba allí Jahaziel hijo de Zacarías, hijo de Benaía, hijo de Jeiel, hijo de Matanías, levita de los hijos de Asaf, sobre el cual vino el Espíritu de Jehová en medio de la reunión; y dijo: Oíd, Judá todo, y vosotros moradores de Jerusalén, y tú, rey Josafat. Jehová os dice así: No temáis ni os amedrentéis delante de esta multitud tan grande, porque no es vuestra la guerra, sino de Dios. Mañana descenderéis contra ellos; he aquí que ellos subirán por la cuesta de Sis, y los hallaréis junto al arroyo, antes del desierto de Jeruel. No habrá para qué peleéis vosotros en este caso; paraos, estad quietos, y ved la salvación de Jehová con vosotros. Oh Judá y Jerusalén, no temáis ni desmayéis; salid mañana contra ellos, porque Jehová estará con vosotros. Entonces Josafat se inclinó rostro a tierra, y asimismo todo Judá y los moradores de Jerusalén se postraron delante de Jehová, y adoraron a Jehová. Y se levantaron los levitas de los hijos de Coat y de los hijos de Coré, para alabar a Jehová el Dios de Israel con fuerte y alta voz. Y cuando se levantaron por la mañana, salieron al desierto de Tecoa. Y mientras ellos salían, Josafat, estando en pie, dijo: Oídme, Judá y moradores de Jerusalén. Creed en Jehová vuestro Dios, y estaréis seguros; creed a sus profetas, y seréis prosperados. Y habido consejo con el pueblo, puso a algunos que cantasen y alabasen a Jehová, vestidos de ornamentos sagrados, mientras salía la gente armada, y que dijesen: Glorificad a Jehová, porque su misericordia es para siempre. Y cuando comenzaron a entonar cantos de alabanza, Jehová puso contra los hijos de Amón, de Moab y del monte de Seir, las emboscadas de ellos mismos que venían contra Judá, y se mataron los unos a los otros» (2 Crónicas 20:1-22).

INTRODUCCIÓN

Existe un común denominador que afecta a todos los mortales. Algo que no tiene en cuenta la diferencia de raza, color, sexo o estatus económico. Probablemente te encuentras bajo sus efectos, o los has experimentado en algún momento de tu vida. Aunque a diferentes niveles, todos los seres humanos hemos sido afectados por este mal, propio de la humanidad. Por eso lo tratamos de evitar a toda costa y sufrimos cuando nos visita.

Me refiero a *la adversidad*.

Las adversidades, los ataques, las calamidades, los problemas y la aflicción son parte de la vida. Todos estos términos y sinónimos definen circunstancias difíciles, pero que sirven para probar nuestra fe y crecer en nuestra dependencia de Dios. Los problemas son necesarios, ya que al final sin guerras no hay victorias. Incluso el Señor Jesús, cuando estuvo en la tierra, declaró esta realidad diciendo: «En el mundo tendréis aflicción». No obstante, este libro no trata de exaltar lo que ya conocemos y vivimos a diario, sino de entender lo que Jesús dijo después: «...pero confiad, yo he vencido al mundo» (Juan 16:33).

Este es precisamente el tema central del libro que tienes en tus manos, el cual toma como figura principal a uno de los hombres que experimentó grandes glorias en medio de poderosas tribulaciones, como lo fue el rey Josafat.

Te exhorto a apoderarte del principio bíblico que nos dice que Dios no hace acepción de personas. A Josué, el sucesor de Moisés y encargado de llevar al pueblo de Israel a la tierra prometida, el Señor le dijo: «Como estuve con Moisés, así estaré contigo».

Creo de todo corazón que la mano de Dios, su sabiduría, su gran poder y su abundante gracia estarán sobre tu vida, así como su palabra afirma que han estado sobre las generaciones anteriores.

Tiempos difíciles

Vale la pena aclarar desde el comienzo de este libro que la Biblia nos anuncia proféticamente el incremento de las vicisitudes a medida que el ocaso de la humanidad se acerca.

El hombre se está viendo retado por enemigos que nuestros antepasados nunca tuvieron que enfrentar. Hoy vivimos situaciones que nuestros abuelos jamás hubieran imaginado. Es precisamente por eso que Jesús habló de una generación que arrebataba las bendiciones de su reino (Mateo 11:12).

Hay una gran probabilidad de que a través de las páginas de este libro adquieras mucho de ese espíritu confrontador y esa fe perseverante que no sucumbe ante las adversidades, sino por el contrario, las usa para ser levantado a una estatura mayor.

La Palabra de Dios compara a los siervos del Altísimo con las águilas: «Los que esperan a Jehová tendrán nuevas fuerzas; levantarán alas como las águilas; correrán, y no se cansarán; caminarán y no se fatigarán» (Isaías 40:31). Las águilas son las únicas aves que, a diferencia de las demás, al ver a la tormenta avecinarse la esperan en el aire, y abriendo sus poderosas alas ante el flujo del viento permiten que el ímpetu del mismo las eleve a mayores alturas.

Eso es lo que Dios hará en la vida del creyente que es capaz de conquistar la adversidad. Él utilizará aquello que el enemigo o las circunstancias de la vida lanzaron contra ti a fin de destruirte, para literalmente levantarte a una mayor esfera de gloria.

La Palabra nos advierte en Isaías 60:1-2 que las tinieblas serán parte del diario vivir de la generación postrera. El apóstol Juan respalda esto cuando advierte: «¡Ay de los moradores de la tierra y del mar! porque el diablo ha descendido a vosotros con gran ira, sabiendo que tiene poco tiempo» (Apocalipsis 12:12). Sin embargo, nótese que el versículo 2 declara: «Sobre ti amanecerá Jehová, y sobre ti será vista su gloria». El amanecer implica un incremento gradual de la claridad, lo cual nos lleva a deducir que al aumentar las tinieblas, habrá también un aumento de la luz.

No es un secreto el incremento de la maldad que ha tenido lugar en nuestra generación. Sin embargo, tampoco serán un secreto las grandes victorias que la luz de Dios traerá sobre su pueblo.

Así lo enseñaba el rey Salomón, que afirmó: «La senda de los justos es como la luz de la aurora, que va en aumento hasta que el día es perfecto» (Proverbios 4:18).

Resulta interesante que el amanecer comienza en el momento más oscuro de la noche. Y creo que en este tiempo de tan patente oscuridad, la luz de los creyentes resplandecerá mucho más brillante que nunca.

Vivimos, tal y como la Biblia lo ha profetizado, en una época de «guerras y rumores de guerras», sistemas políticos que se antagonizan entre sí, las más grandes economías mundiales colapsando, y una sociedad que cada vez ha venido a ser más permisiva de las cosas que van en contra de la moral y la dignidad.

Todo esto afecta a las familias, así como la salud y el bienestar de los individuos. El nivel de estrés en el cual viven los seres humanos hoy ha llegado a ser prácticamente intolerable. Y lo peor de todo es que la sociedad se ha convertido en un grupo de personas que se ven a sí mismas, como víctimas y no como individuos victoriosos.

No obstante, así como la sociedad descrita en el libro de Éxodo, que antes de su salida del cautiverio egipcio confrontó las más grandes batallas que jamás el pueblo de Dios había visto —al mismo tiempo que fue testigo de los más grandes milagros de parte del Dios todopoderoso, que los libraba de la esclavitud para llevarlos a una tierra prometida— del mismo modo nosotros, como una generación en espera de la gloriosa venida del Señor, experimentaremos grandes dificultades, pero también seremos los receptores y conductores de la gloria de nuestro Dios sobre esta tierra.

PRIMERA PARTE

EL LADO BUENO DE LA ADVERSIDAD

Hablando de la gloria de Dios, resulta importante destacar que para vencer es imprescindible que vengan las luchas. Tal como lo decía el apóstol Pablo: «¿Quién nos separará del amor de Cristo? ¿Tribulación, o angustia, o persecución, o hambre, o desnudez, o peligro, o espada? Como está escrito: Por causa de ti somos muertos todo el tiempo; somos contados como ovejas de matadero. Antes, en todas estas cosas somos más que vencedores por medio de aquel que nos amó. Por lo cual estoy seguro de que ni la muerte, ni la vida, ni ángeles, ni principados, ni potestades, ni lo presente, ni lo por venir, ni lo alto, ni lo profundo, ni ninguna otra cosa creada nos podrá separar del amor de Dios, que es en Cristo Jesús Señor nuestro» (Romanos 8:35-39).

En este muy conocido pasaje vemos que para ser más que vencedores es necesario tener retos que enfrentar. Por lo tanto, las tribulaciones no son del todo negativas, ya que de una u otra manera se convierten en el preámbulo de nuestros más grandes logros.

Sé muy bien que esto no nos gusta mucho. Precisamente, en algunas ocasiones la Biblia les llama «pruebas» a las adversidades, lo que nos debe recordar lo nefasto que eran los exámenes en nuestra época escolar, tan opuestos a otros aspectos de la vida de un estudiante. En otras palabras, a todos nos gustaba ir a la escuela y pasarla bien con nuestros amigos, pero detestábamos los exámenes, aunque sin vencerlos era imposible avanzar.

Una vez pasado el dolor y las vicisitudes de la vida, no solo es posible, sino resulta probable que te des cuenta de que no todas las cosas que te sucedieron fueron negativas. Y he ahí la razón de por qué Dios permite muchas veces que la calamidad llegue a nosotros, pues ciertamente hay un lado positivo en las tribulaciones.

A continuación veamos algunos de los beneficios que las adversidades traen.

DEPURACIÓN

El término «tribulación» proviene del griego *trubulum*, una palabra que describe un instrumento usado por los romanos que servía para separar el trigo de la paja.

Y ese es exactamente uno de los beneficios más importantes de la tribulación. Expulsa de nuestras vidas las cosas que no nos benefician ni edifican. Literalmente, es como el fuego que hace arder el metal precioso hasta consumir la escoria, dejando solo lo hermoso y valioso. Así lo describió el profeta cuando anunció: «Y se sentará para afinar y limpiar la plata; porque limpiará a los hijos de Leví, los afinará como a oro y como a plata, y traerán a Jehová ofrenda en justicia» (Malaquías 3:3).

Resulta interesante notar que la palabra «afinar» proviene del hebreo *tasard*, que significa fundir y luego limpiar. Muchas veces, a fin de que Dios pueda limpiar nuestras vidas, primero debe fundirnos mediante el fuego de la tribulación.

En el libro de Daniel vemos a Sadrac, Mesac y Abed-nego entrando al horno de fuego. Sin embargo, cada vez que citamos este pasaje nos enfocamos principalmente en lo que no se quemó, aunque deberíamos también considerar lo que sí fue consumido por el fuego del horno. De acuerdo a la historia, cuando ellos fueron echados al horno tenían las manos atadas, pero ya dentro del horno el rey Nabucodonosor vio «cuatro varones sueltos, que se pasean en medio del fuego sin sufrir ningún daño» (Daniel 3:25). En otras palabras, las ataduras que tenían en sus manos y sus pies fueron consumidas.

Toda prueba de fuego nos depura, nos limpia y por ende nos hace mejores.

UNCIÓN

Getsemaní quiere decir «la prensa de aceite». En los tiempos bíblicos, las aceitunas eran depositas en grande toneles para ser pisoteadas hasta que fuera extraída la última gota de aceite. Estableciéndose un paralelo espiritual, este fue el nombre del lugar donde nuestro Señor agonizó en oración debido a la gran tribulación que tenía por delante. Tan extrema resultaba la tensión de su cuerpo, que el escritor del Evangelio nos describe que «era su sudor como grandes gotas de sangre que caían hasta la tierra» (Lucas 22:44).

Médicamente, tal cosa sucede cuando los vasos sanguíneos empiezan a romperse y la sangre se mezcla con la transpiración de un cuerpo que está bajo el efecto de una gran presión. En ese momento Jesús estaba siendo «prensado» para que el aceite de una unción fresca pudiera brotar de él. Estaba siendo literalmente pisoteado a fin de alcanzar el mayor nivel de unción en su ministerio.

El rey David indicó: «Aderezas mesa delante de mí en presencia de mis angustiadores; unges mi cabeza con aceite; mi copa está rebozando» (Salmo 23:5). Resulta interesante que nos revela que en la misma presencia de sus angustiadores es que recibe el mayor nivel de unción. Él también declaró delante de Dios: «Pero tú aumentarás mis fuerzas como las del búfalo; seré ungido con aceite fresco. Y mirarán mis ojos sobre mis enemigos; oirán mis oídos de los que se levantaron contra mí, de los malignos» (Salmo 92:10-11). El salmista no solo entendía que hay una mayor unción en presencia de los enemigos, sino que una nueva y fresca presencia era desatada sobre su vida como producto de los ataques.

Notemos la respuesta del Espíritu Santo en medio de las pruebas: «Amados, no os sorprendáis del fuego de prueba que os ha sobrevenido, como si alguna cosa extraña os aconteciese, sino gozaos por cuanto sois participantes de los padecimientos de Cristo, para que también en la revelación de su gloria os gocéis con gran alegría. Si sois vituperados por el nombre de Cristo, sois bienaventurados, porque el glorioso Espíritu de Dios reposa sobre vosotros. Ciertamente, de parte de ellos, él es blasfemado, pero por vosotros es glorificado» (1 Pedro 4:12-14).

La Escritura nos dice que el Espíritu viene sobre nosotros. La palabra «reposa» se deriva del término *anapauo*, que en griego quiere decir «permanecer». Esto nos habla de una unción que estará literalmente con nosotros hasta que el conflicto sea resuelto.

He oído a un sinnúmero de cristianos afirmar lo que a la luz de este pasaje pienso que es una realidad: «Siento más la presencia sobre mí en tiempos de calamidad que en tiempos de paz». Muchas veces le digo a la audiencia que me escucha predicar que el que no desea tener problemas, tampoco quiere la unción.

En Jueces 14 vemos a Sansón enfrentarse a un león, y es allí donde el Espíritu de Jehová desciende sobre él con poder, revelándonos y recordándonos que a mayor confrontación, habrá una mayor unción.

Siento que el Espíritu me está impulsando a utilizar una ilustración de Números 20, donde se nos dice que brotaron muchas aguas de la peña cuando Moisés la golpeó. Esas aguas nos recuerdan las palabras de Jesús cuando dijo: «El que cree en mí, como dice la Escritura, de su interior correrán ríos de agua viva» (Juan 7:38).

Y la intensidad de esos ríos se incrementa con todo golpe que la vida nos propina.

FORTALECIMIENTO

Es interesante que los agrónomos hayan descubierto que las plantas más fuertes no son aquellas que crecen en un ambiente ideal. Ni los árboles que se encuentras en lugares que reúnen las condiciones óptimas para desarrollarse.

Los árboles y plantas más robustas son los que crecen en lugares desérticos, áridos y hostiles. Son los que tienen que empujar sus raíces hacia la tierra en busca de aguas subterráneas, creando así cimientos mucho más fuertes. O tienen que extender su tronco hacia arriba, buscando el oxígeno del que carecen. Otros deben expandir sus ramas para provocar una mayor absorción del agua que viene con la lluvia. Así es el cristiano. Los ambientes hostiles, las circunstancias adversas y las contrariedades de la vida lo harán cada vez más fuerte. Es como el refrán del argot latinoamericano que dice: «Lo que no mata, engorda».

Incluso el cuerpo humano funciona bajo este principio. Cuando está sometido a una gran presión debido a los ejercicios físicos, sufre una incomodidad temporal, sin embargo, el esfuerzo produce músculos mejor formados y más fuertes.

Resulta asombroso observar cómo en toda tribulación el enemigo de nuestras almas parece no cesar de intentar convencernos de que por medio de ella seremos destruidos, cuando en realidad estamos siendo fortalecidos. Y pasada toda prueba se comprobará una vez más en nuestras vidas que mayor es el que está en nosotros que el que está en el mundo (1 Juan 4:4).

OPORTUNIDAD

Si de algo estoy seguro en tantos años como pastor, es de que las tribulaciones son uno de los principales instrumentos divinos para crear nuevas oportunidades.

Tal es el caso en el libro de Hechos, capítulo 28, cuando el apóstol Pablo naufragó en las costas de la isla de Malta. Como si todo esto fuera poco, una vez que llegó a tierra una serpiente mordió su mano, provocando el rechazo inmediato de los nativos, ya que en ese momento interpretaron la mordida como un juicio divino. Sin embargo, al sobrevivir a una circunstancia que seguramente hubiera matado a otra persona, Pablo tuvo la oportunidad de testificar acerca de Dios. El asombroso milagro debía ser explicado, y Pablo lo aprovechó para hablar de esa virtud y la procedencia de ese poder que lo mantuvo saludable.

De igual manera sucedió cuando el profeta Daniel fue llevado al foso de los leones por desobedecer un decreto real, ya que había una prohibición de no elevar oraciones a ningún dios u hombre fuera del rey Darío. No obstante, Daniel fue arrestado al ser sorprendido orando, y una vez en el foso Dios mismo lo liberó ante la presencia de toda una nación pagana y el mismo rey Darío, que declaró: «De parte mía es puesta esta ordenanza: Que en todo el dominio de mi reino todos teman y tiemblen ante la presencia del Dios de Daniel; porque él es el Dios viviente y permanece por todos los siglos, y su reino no será jamás destruido, y su dominio perdurará hasta el fin» (Daniel 6:26).

Lo mismo aconteció con Sadrac, Mesac y Abed-nego, los cuales nunca hubieran imaginado que el horno de fuego era literalmente el preámbulo de las más grandes oportunidades para dar a conocer la gloria de nuestro Dios (Daniel 3:12-30).

Y cómo concluir este punto sin mencionar a José, cuya exaltación vino a través de su humillación. De la cárcel fue levantado al trono de Egipto, que no solo era el mayor imperio de ese tiempo, sino tal vez el más corrupto religiosamente hablando.

REVELACIÓN

Cuando una gran tormenta se levantó contra la barca de Jesús y los discípulos, el viento cesó y el mar se aquietó a la orden del Señor. Entonces los discípulos se preguntaron: «¿Quién es éste, que aun el viento y el mar le obedecen?» (Marcos 4:41).

Esta expresión nos revela el descubrimiento de un aspecto desconocido para los discípulos acerca del Señor, algo que fue revelado precisamente en uno de los momentos más difíciles que atravesaron.

En 2 Corintios 1:10, después que Pablo experimentó una situación similar, su conclusión fue: «[Dios] nos libró, y nos libra, y en quien esperamos que aún nos librará, de tan gran muerte». Resulta evidente que las circunstancias que vivió le habían dado una nueva luz en cuanto a lo que Dios haría en el futuro.

Nada puede revelarnos mejor los aspectos de la gloria divina que las calamidades de nuestro diario vivir. Incluso el rey David hablo de cómo el Señor mismo «cabalgó sobre un querubín, y voló» en un momento de crisis (Salmo 18:10).

Sadrac nunca había visto al Señor cara a cara en toda su gloria hasta que el horno de fuego se lo permitió. Daniel nunca tuvo un encuentro con el ángel de Jehová, sino en las profundidades del foso de los leones.

Asimismo, después del dolor que le produjo la muerte del rey Usías, el profeta Isaías vio por primera vez la gloria de Dios. No obstante, esta revelación llegó justo después de ese momento de angustia: «En el año que murió el rey Uzías vi yo al Señor sentado sobre un trono alto y sublime, y sus faldas llenaban el templo. Por encima de él había serafines; cada uno tenía seis alas; con dos cubrían sus rostros, con dos cubrían sus pies, y con dos volaban. Y el uno al otro daba voces, diciendo: Santo, santo, santo, Jehová de los ejércitos; toda la tierra está llena de su gloria. Y los quiciales de las puertas se estremecieron con la voz del que clamaba, y la casa se llenó de humo. Entonces dije: ¡Ay de mí! que soy muerto; porque siendo hombre inmundo de labios, y habitando en medio de pueblo que tiene labios inmundos, han visto mis ojos al Rey, Jehová de los ejércitos. Y voló hacia mí uno de los serafines, teniendo en su mano un carbón encendido, tomado del altar con unas tenazas; y tocando con él sobre mi boca, dijo: He aquí que esto tocó tus labios, y es quitada tu culpa, y limpio tu pecado» (Isaías 6:1-7).

Por otro lado, creo que las palabras más contundentes acerca de lo que es la revelación que recibimos en medio de los problemas deben atribuírseles a Job, quien después de haber atravesado por una época de diversas vicisitudes en la que prácticamente todo aspecto de su vida fue sacudido, declaró: «De oídas te había oído, mas ahora mis ojos te ven» (Job 42:5).

Luego de toda tribulación vendrá no solo la revelación de quién en verdad es Dios, sino la confirmación de su poder sobre aquellos que le aman y son amados por él.

DESCUBRIMIENTO

Toda tribulación viene cargada de retos y desafíos que nos revelan cualidades y dones que quizás en un contexto de comodidad no descubriríamos, habilidades que solo emergen siempre que estamos bajo presión y ataque.

Cuando el Señor se acercó a Abraham, le habló de una descendencia como la arena del mar y las estrellas del cielo. Las arenas del mar representan la descendencia terrenal, el pueblo de Israel, la simiente bendita, la cual Dios usaría para traer a este mundo al verbo hecho carne, nuestro Señor Jesús. Por otra parte, las estrellas del cielo nos hablan de una descendencia espiritual, y esto se refiere a los hijos de Abraham, aquellos que mediante la fe recibirían la justicia de la salvación por medio del pacto basado en la sangre de Cristo.

Resulta interesante que las estrellas no son notorias cuando el cielo está despejado a la luz del día. Sin embargo, en la oscuridad, en las tinieblas más densas de la noche, parecen encenderse con una poderosa y hermosa brillantez, como si nos quisieran decir que es precisamente en la más densa oscuridad que el poder de su luz resulta más evidente.

Nuestras vidas espirituales son así. Nuestra luz, nuestros dones y habilidades, son mucho más notorios en medio de las tinieblas. ¿Cómo habría descubierto David la increíble habilidad que poseía y que a la larga lo llevó a ser el rey de Israel si no hubiera sido atacado por un león, un oso y luego peleara con Goliat?

¿Habría podido Josué descubrir el don que con el tiempo lo llevó a los lugares más altos del gobierno en Egipto si no hubiera sido por el tiempo que pasó en la cárcel? ¿Habría podido Elías notar la poderosa unción que había en él si no hubiera sido por la constante persecución de Jezabel y sus profetas?

Pienso que no.

Lo mismo sucede con tu vida. Se precisan ciertas contrariedades para llevarte a descubrir que por la gracia divina has sido dotado de talentos, habilidades y dones sobrenaturales, no solo para sobrevivir ante los ataques, sino también de modo que los mismos sirvan de peldaños a fin de levantarte y ser un testimonio para los demás. Esto servirá como una evidencia que confirma que si Dios es por nosotros, nadie podrá estar en nuestra contra (Romanos 8:31).

AUTORIDAD

La palabra «autoridad» implica un prestigio y crédito ganados, un reconocimiento que se le da a una persona por su legitimidad, calidad de vida, o experiencia en alguna materia.

Nuestro mundo está lleno de personas que constantemente hablan sobre cosas que nunca han sido probadas en su vida. El respaldo para dar un mensaje no proviene de las palabras del mensaje, sino de la experiencia, las huellas y cicatrices que esa vida exhibe. Y estas nos otorgan no solo credibilidad con respecto a lo que tratamos de comunicar, sino la autoridad para hacerlo.

Tal es el caso de Lázaro, que después de haber atravesado por la muerte misma se levantó como uno de los más gloriosos testimonios del poder de Dios (Juan 11).

Asimismo vemos al gadareno, que luego de su liberación predicó y ganó cinco ciudades en Decápolis con un solo mensaje: «Cuán grandes cosas había hecho Jesús con él» (Marcos 5:1-20).

María Magdalena, que vino a ser la primera predicadora con respecto a la resurrección de Jesús, fue también en un tiempo una mujer atormentada por los demonios (Marcos 16:9-10).

Y no solo la Biblia nos muestra este principio, sino que aun en nuestros tiempos parecemos estar rodeados de personas cuya relevancia se ha derivado de los peores momentos de su vida.

Así le sucedió a Robert Chesebrough, el empresario neoyorquino que patentizó la vaselina. Este proyecto empezó justo después de que su negocio de queroseno se viera en peligro por la aparición del petróleo.

Además, pocos saben que para probar las propiedades curativas del nuevo invento, Chesebrough tuvo que infligirse cortes y quemaduras que luego trató aplicando el producto. Cuando las personas comprobaron que las heridas se curaron sin infectarse y con rapidez, la vaselina ganó popularidad y con el tiempo se convirtió en un artículo de primera necesidad en los hogares del mundo entero. Su efectividad era notoria.

De igual forma, las adversidades y los problemas que enfrentemos en la vida nos darán un testimonio y nos otorgarán una autoridad incuestionable cuando vencemos.

PACIENCIA

La Biblia declara: «Hermanos míos, tened por sumo gozo cuando os halléis en diversas pruebas, sabiendo que la prueba de vuestra fe produce paciencia. Mas tenga la paciencia su obra completa, para que seáis perfectos y cabales, sin que os falte cosa alguna» (Santiago 1:2-4).

Debemos destacar que la palabra que se traduce como «paciencia» en este pasaje no es el mismo término original griego que alude a este fruto del Espíritu en Gálatas 5, el cual es *makrod-sumía* y describe una virtud pasiva que nos permite esperar, siendo la definición más popular de la palabra paciencia. El término empleado en este texto es *jupomone*, que tiene que ver más con la idea de permanecer fuertes hasta obtener aquello que deseamos. Este concepto implica más una virtud activa, la firmeza del individuo en medio de las pruebas. Se trata, figuradamente hablando, de la resistencia que tiene un atleta en una maratón, la cual le permite sobreponerse a las señales de agotamiento de su cuerpo y moverse hacia adelante.

Es por eso que esta virtud resulta notoria e imprescindible para lograr la victoria en medio de las tribulaciones, pues usualmente los conflictos perdurarán mucho más tiempo del que nosotros quisiéramos. Sin embargo, al final, el que permanezca firme obtendrá la victoria.

En el Salmo 130:1 leemos: «De lo profundo, oh Jehová, a ti clamo». Es evidente que David estaba pasando por un tiempo de gran tribulación, de modo que como hiciera muchas veces, ora y clama a Dios.

No obstante, el Salmo 130:5-8 declara: «Esperé yo a Jehová, esperó mi alma; en su palabra he esperado. Mi alma espera a Jehová más que los centinelas a la mañana, más que los vigilantes a la mañana. Espere Israel a Jehová, porque en Jehová hay misericordia, y abundante redención con él; y él redimirá a Israel de todos sus pecados». Aquí él añade un elemento a su oración, y es la paciencia. La habilidad que había desarrollado para esperar hasta que la respuesta llegara. Y no solo él practicaba esta virtud, sino exhortaba a Israel a que lo hiciera.

A esto se refiere Hebreos 6 cuando habla de la fe y la paciencia como claves para heredar las promesas. Con todo, esta virtud se adquiere únicamente a través de las pruebas, pues nuestro espíritu se acondiciona a permanecer firme en espera del milagro.

INSPIRACIÓN

Nada puede ser más inspirador que ver la determinación de un cristiano en medio de la tribulación o la prueba. Lo que miles de palabras motivadoras no pueden hacer, lo logra la imagen de una persona que en su determinación de servir a Dios no flaquea ante las contrariedades que enfrenta.

¡Cuán increíblemente inspiradora resulta la historia de aquella joven que a pesar de haber sido llevada cautiva a Siria, desprovista de todo lo que amaba en la vida, se levanta en medio de aquella pesadilla con poder y le dice al general Naamán lo glorioso que era su Dios (2 Reyes 5:2-4). ¿Quién hubiera sido capaz en esa época después de conocerla de no llevar a cabo la predicación de la palabra?

Del mismo modo, las Escrituras señalan: «Y vosotros vinisteis a ser imitadores de nosotros y del Señor, recibiendo la palabra en medio de gran tribulación, con gozo del Espíritu Santo, de tal manera que habéis sido ejemplo a todos los de Macedonia y de Acaya que han creído. Porque partiendo de vosotros ha sido divulgada la palabra del Señor, no sólo en Macedonia y Acaya, sino que también en todo lugar vuestra fe en Dios se ha extendido, de modo que nosotros no tenemos necesidad de hablar nada» (1 Tesalonicenses 1:6-8). Aquí vemos que esta iglesia no solo vino a ser un ejemplo para todos los creyentes de su generación, sino una inspiración a fin de continuar la obra con tanto denuedo que los apóstoles no tuvieron que hacer mucho, pues según las palabras del propio Pablo, no necesitaron llevar a cabo ningún tipo de predicación.

En Filipenses 1:12-14, también se nos dice: «Quiero que sepáis, hermanos, que las cosas que me han sucedido, han redundado más bien para el progreso del evangelio, de tal manera que mis prisiones se han hecho patentes en Cristo en todo el pretorio, y a todos los demás. Y la mayoría de los hermanos, cobrando ánimo en el Señor con mis prisiones, se atreven mucho más a hablar la palabra sin temor». Aquí Pablo afirma que sus tribulaciones motivaron un celo por predicar a Cristo, y por ende habían llegado a ser de gran beneficio para el avance del reino de los cielos.

Cuando permanecemos firmes en medio de toda calamidad, cumpliendo con el llamado que Dios nos ha ordenado llevar a cabo, nos convertimos en una fuerza motivadora para los demás.

RECOMPENSA

El apóstol Santiago escribió en su epístola: «Bienaventurado el varón que soporta la tentación; porque cuando haya resistido la prueba, recibirá la corona de vida, que Dios ha prometido a los que le aman» (Santiago 1:12).

Es importante que entendamos que la corona de vida a la que se hace referencia aquí no es la salvación, ya que no somos salvos por obras ni por permanecer firmes en las pruebas y tribulaciones, sino que esto es un don de Dios.

La corona de vida que se describe aquí es la recompensa que se obtiene por haber vencido la adversidad, por haber luchado, por haber resistido; del mismo modo que el atleta es coronado al cruzar la meta o al soldado lo condecoran cuando vuelve victorioso de una guerra.

El cristiano que vence la adversidad es recompensado por Dios.

Al final de la vida de Job se ve ilustrado este principio de una manera muy poderosa. Vemos a Dios aumentar al doble todas las cosas que el enemigo le había arrebatado. A tal extremo que «bendijo Jehová el postrer estado de Job más que el primero» (Job 42:12). Esto quiere decir que Job no solo recuperó aquello que había perdido, sino que Dios lo recompensó con abundantes bienes y todo tipo de bendiciones después de la tribulación.

Esta recompensa no solo se extiende al ámbito terrenal, sino que trasciende a la eternidad, pues como declaran las Escrituras: «Esta leve tribulación momentánea produce en nosotros un cada vez más excelente y eterno peso de gloria» (2 Corintios 4:17).

Incluso en los Evangelios observamos que el Señor les revela a sus discípulos que muchas de las bendiciones guardadas para ellos en el tiempo eterno están conectadas a su firmeza en medio de las pruebas: «Pero vosotros sois los que habéis permanecido conmigo en mis pruebas. Yo, pues, os asigno un reino, como mi Padre me lo asignó a mí, para que comáis y bebáis a mi mesa en mi reino, y os sentéis en tronos juzgando a las doce tribus de Israel» (Lucas 22:28-30).

Resulta obvio que los beneficios citados en la primera parte de este libro pueden obtenerse solo si eres capaz de levantarte triunfante sobre la adversidad, sin dejarte vencer por ella. Y es aquí donde en verdad la Palabra de Dios debe otorgarnos la revelación necesaria para lograr alcanzar el conocimiento que he adquirido en mis años de experiencia, a lo largo de mi caminar con Dios: las tribulaciones no han venido a destruirnos, sino más bien a promovernos, a elevarnos a un nivel superior en todos los aspectos de nuestra vida.

Como cité antes, el apóstol Pablo, inspirado por el Espíritu de Dios, hablaba de enfrentar con sumo gozo las tribulaciones, ya que las mismas producen en nosotros un cada vez más excelente y eterno peso de gloria. Esta palabra, «producir», proviene del griego *katergazomai*, cuyo significado habla de logros y alcance. Y eso es exactamente lo que acontecerá con todo individuo que permanezca firme en medio de la tormenta, convirtiéndose así en el perfecto candidato para recibir las bendiciones terrenales e incluso eternas, las cuales solo resultan al enfrentar las calamidades temporales.

En los próximos capítulos tomaremos como ejemplo a Josafat, uno de los reyes amados por Dios. Sin embargo, no solo estudiaremos su vida durante uno de los tiempos más difíciles como individuo, sino también las dificultades que afectaron a su familia y los millones de personas que estaban bajo su autoridad y cuidado.

Es muy difícil concebir con nuestra mente moderna, plagada de conceptos contemporáneos, la magnitud del peligro al cual habían sido expuestos los israelitas en este oscuro período de su peregrinaje en la tierra.

De la misma manera, también nos es difícil procesar lo grandioso y majestuoso de la intervención divina y lo increíblemente glorioso que fue el postrer estado de este pueblo a causa de su firmeza en la fe.

Es mi oración que a través de estas páginas podamos ser iluminados con la revelación divina, permitiéndonos alcanzar la victoria frente a cualquier adversidad que se presente.

SEGUNDA PARTE:

CONOZCAMOS AL ENEMIGO

Antes de pasar a estudiar a la figura central de este libro, el rey Josafat, debo dejar en claro que las calamidades llegan a la vida de un individuo por tres razones principales.

Primero, como resultado natural de nuestra existencia, no de procesos y hechos necesariamente espirituales. Incluso la tierra gira alrededor de su eje imaginario debido a cargas positivas y negativas que causan dicha rotación. Y el mundo se mueve de la misma manera, con cosas tanto positivas como negativas siendo parte de la vida diaria de los individuos. Muchas veces las tribulaciones vendrán y tendremos que tratar con ellas lo mejor posible.

Segundo, existen calamidades que nos sobrevienen como producto o retribución de nuestros actos. En muchos casos somos nosotros los que provocamos las adversidades. Nuestras decisiones y acciones se convierten en una simiente que a la larga producirá frutos en nuestra vida. Y debido a que la semilla que sembramos fue negativa, la cosecha lo será también.

Es importante hacer la salvedad de que muchas veces la figura encargada de la ejecución de las consecuencias es el enemigo de nuestras almas, Satanás, quien en su empeño de hacernos daño utiliza cualquier oportunidad para llevarlo a cabo legalmente. De acuerdo a la Palabra de Dios, «la paga del pecado es muerte», por lo tanto, cuando pecamos le damos autoridad al enemigo porque él es el príncipe y emperador de la muerte.

Y tercero, las calamidades llegan no por la injusticia, sino por la justicia que demostramos. Tal es el caso de Josafat, quien entre los reyes de Israel se distinguió por su pasión y devoción a Jehová. A pesar de que no fue perfecto, su vida constituyó un testimonio de una relación con Dios como la que pocos de sus contemporáneos tuvieron.

Josafat significa «juzgado de Jehová», lo que nos da a entender que tenía la convicción de que caminaba a diario bajo el escrutinio de un Dios santo. Esto sin duda alguna debió haber sido el secreto de su intachable conducta.

Las Escrituras declaran: «Examíname, oh Dios, y conoce mi corazón; pruébame y conoce mis pensamientos; y ve si hay en mí camino de perversidad, y guíame en el camino eterno» (Salmo 139:23-24). Sin lugar a dudas, este es el sentir de todo hombre que comprende que debe dar cuentas a Dios por cada uno de sus actos, decisiones e incluso palabras. Sin embargo, retomando nuestro tema principal, tal conducta no nos exonera de las adversidades ni del ataque enemigo. Como afirma la Palabra de Dios: «Muchas son las aflicciones del justo, pero de todas ellas le librará Jehová» (Salmo 34:19).

Usualmente, cuando estamos siendo atribulados, los cristianos solemos ser acusados y juzgados por aquellos que nos rodean. Nos tildan de ser personas que no han procedido de la forma correcta. Sin embargo, la Palabra nos enseña que la justicia trae mayor calamidad que la iniquidad: «Amados, no os sorprendáis del fuego de prueba que os ha sobrevenido, como si alguna cosa extraña os aconteciese, sino gozaos por cuanto sois participantes de los padecimientos de Cristo, para que también en la revelación de su gloria os gocéis con gran alegría» (1 Pedro 4:12). Aun nuestro Señor Jesucristo padeció como justo. Y con él todos sus discípulos.

En el momento en que el enemigo lanzó sus mayores ataques contra Job, el Señor lo describe como un «hombre perfecto y recto, temeroso de Dios y apartado del mal» (Job 1:1).

Y este fue también el caso de Josafat, que anduvo en el camino de su padre David durante uno de los tiempos de mayor influencia satánica, provocado por un liderazgo corrupto y el pujante culto a Baal establecido por la diabólica Jezabel.

En los tiempos de adversidad, es además muy importante conocer tres cosas acerca de tu oponente.

EL ENEMIGO Y SU TIEMPO *KAIROS*

Resulta muy interesante que este tiempo de guerra se haya desatado sobre la vida de Josafat en uno de los momentos más prósperos de su reinado. Israel gozaba de una bonanza tanto en el ámbito social como en lo espiritual. Josafat se había convertido en un gran líder que no solo restauró las fibras de la estructura social y económica de Judá, sino también había hecho volver el corazón del pueblo a la obediencia y la pasión por Dios.

Este gran rey fue reconocido por ser un predicador, el cual iba de ciudad en ciudad llamando a su generación a volverse a Dios. Y los resultados fueron notorios asimismo en todas las demás naciones. No obstante, es en este momento cuando se desata el más grande ataque no solo contra él, sino contra toda la sociedad que presidía.

Tal cosa se conoce como el tiempo *kairos*. Existen dos palabras principales para definir el tiempo en griego. La primera es *kronos*, de la cual se deriva la palabra cronómetro o cronología. La misma define al tiempo que usamos para medir nuestra vida; el tiempo que conocemos en horas, minutos y segundos.

Sin embargo, también existe la palabra *kairos*, que denota el tiempo militar de un ataque específico. Este es el término griego empleado en Lucas 4:13: «Y cuando el diablo hubo acabado toda tentación, se apartó de él por un tiempo», lo cual nos revela que el maligno utiliza el concepto de ser oportuno en sus ataques. El enemigo, como un depredador, espera nuestros momentos más vulnerables por una u otra razón para descargar su furia contra nosotros. Por tal motivo David clamó: «Me asaltaron en el día de mi quebranto» (Salmo 18:18). Muchas veces hemos escuchado a los hijos de Dios exclamar: «Este es el peor momento para esta calamidad». Y yo les digo que no se trata de una coincidencia, sino de una estrategia diabólica.

EL ENEMIGO Y SUS ALIADOS

El Señor Jesús les reveló a sus discípulos algo de extrema importancia. En Marcos 3:25 nos enseña que Satanás tiene una tremenda habilidad para reunir entidades espirituales, personas o cualquier aspecto de nuestra vida con el fin de conspirar contra nosotros en un momento dado.

¡Cuán difícil es unir a veces a los siervos de Dios para hacer justicia, pero qué fácil se unen las tinieblas con el fin de destruir!

Resulta interesante observar cómo en Génesis 37 el enemigo pudo confabular a los hermanos de José en su contra, organizando una conspiración perfecta para deshacerse de él.

En 2 Samuel 15:12 vemos a Absalón, dominado por un espíritu de rebelión, convertirse en un experto a fin de organizar un motín contra su padre David, el amado de Dios.

El salmista decía: «¿Por qué se amotinan las gentes, y los pueblos piensan cosas vanas? Se levantarán los reyes de la tierra, y príncipes consultarán unidos contra Jehová y contra su ungido» (Salmo 2:1-2). Esto explica lo que acontece en 2 de Crónicas 20, cómo fue formada una coalición contra el ungido de Jehová prácticamente sin provocación alguna. Los hijos de Moab y los hijos de Amón se confabularon siguiendo los designios del maligno, que los movía a su antojo cual marionetas.

No te extrañes si en tiempos de calamidad todos los aspectos de tu vida parecieran conjugarse contra ti. Tal vez experimentas una grave enfermedad, tu economía sufre, tu ánimo está decaído, tus relaciones se ven afectadas y al mismo tiempo incluso tu fe es sacudida. Pareciera como si todo hubiera coincidido para formar una tormenta perfecta, pero a la verdad lo que experimentas dista mucho de ser una coincidencia.

EL ENEMIGO Y SU ATAQUE PSICOLÓGICO

Es importante que entendamos que la Palabra de Dios nos enseña que como el hombre piensa en su corazón, así es él.

Aquello que albergamos en nuestra mente nos domina, sea cierto o no. Nuestra percepción de las cosas determina muchas de nuestras acciones y las decisiones que tomamos. Por el poder de la sugestión mental, un hombre puede comerse una papa creyendo que es una manzana. Y aunque esto pareciera maravillar al hombre común, es un principio muy conocido en las Escrituras.

Es por eso precisamente que el enemigo empieza su batalla en el campo de la mente, pues si logra derrotarte allí, habrá ganado sin necesidad del proverbial «primer disparo».

Quizás alguna vez has escuchado el término guerra psicológica, la cual en su definición más cruda no es más que la difusión de imágenes para crear conceptos que a la larga produzcan una conducta en las masas.

La misma se emplea mucho en los gobiernos totalitarios, donde constantes imágenes de asesinatos y crímenes de los opositores del gobierno toman total y absoluto control de los medios de comunicación (difusivos).

Y lo que al principio es un sentimiento de indignación, una vez adoptado por la subsconsciencia, se convierte en una atadura de temor que coarta todo sentido de justicia y literalmente ata las manos de los pueblos.

Satanás ha sido siempre un experto en producir imágenes como estas. Tal es el caso del apóstol Pedro, que mientras caminaba sobre las aguas apartó por un instante sus ojos de Jesús y los puso en el viento que soplaba, haciendo que toda su fe fuera sustituida por un gran temor que lo llevó de la esfera sobrenatural a lo natural, provocando que el milagro se detuviera.

La Biblia cuenta que «Acab dio a Jezabel la nueva de todo lo que Elías había hecho, y de cómo había matado a espada a todos los profetas. Entonces envió Jezabel a Elías un mensajero, diciendo: Así me hagan los dioses, y aun me añadan, si mañana a estas horas yo no he puesto tu persona como la de uno de ellos. Viendo, pues, el peligro, se levantó y se fue para salvar su vida» (1 Reyes 19:1-3).

Aquí vemos al profeta de Dios siendo completamente sacudido por lo que solo fue un eco de la voz del enemigo. Una vez que interiorizó estas palabras, su percepción cambió por completo. Comenzó a percibir el peligro, y con ello vino una extrema necesidad de preservar su vida a pesar de que momentos antes había experimentado una de las más grandes victorias en su ministerio, caminando firme en su fe, con total confianza en su Dios.

En Isaías 7:1-2, las Escrituras también afirman: «Aconteció en los días de Acaz hijo de Jotam, hijo de Uzías, rey de Judá, que Rezín rey de Siria y Peka hijo de Remalías, rey de Israel, subieron contra Jerusalén para combatirla; pero no la pudieron tomar. Y vino la nueva a la casa de David, diciendo: Siria se ha confederado con Efraín. Y se le estremeció el corazón, y el corazón de su pueblo, como se estremecen los árboles del monte a causa del viento».

Este pasaje nos muestra cómo un simple mensaje hace estremecer el corazón del rey. Y no solo de él, sino de todo aquel que estaba a su alrededor. No obstante, cabe mencionar que aquellos que usaban el principio del ataque psicológico ya habían fallado, y como lo describe el Señor a través del profeta en el versículo 4, no eran más que dos cabos de tizón que humeaban. En otras palabras, no representaban una verdadera amenaza. No había en ellos fuego para causar daño. Con todo, la idea adquirida por el rey y el pueblo los hizo temblar.

Durante gran parte de mi vida las artes marciales fueron uno de mis enfoques principales y una de las actividades que más disfruté. Comencé a practicarlas a los seis años de edad y al alcanzar cierta madurez, no solo como peleador, sino también como atleta, comencé a participar en competencias que llegaron a darme un nombre reconocido en este ámbito.

Algo común entre los competidores —y que aún lo es— era observar vídeos de peleas anteriores de los contrincantes. La idea consistía en aprender las técnicas, el estilo, las fortalezas y debilidades del oponente. Sin embargo, me di cuenta de que esta práctica resultaba contraproducente, porque era casi imposible desligar la pelea que tenías por delante de la victoria que acababas de ver obtener a tu oponente. Muchos llegaban al ring atemorizados y pensando que ellos serían las próximas víctimas de aquellos que enfrentaban.

En 1 Samuel 17 se relata el enfrentamiento entre David y Goliat, y en el versículo 44 observamos el gran esfuerzo del gigante para formar una imagen en la mente de David: «Ven a mí, y daré tu carne a las aves del cielo y a las bestias del campo» (1 Samuel 17:44).

¿Cual habría sido el final de esta batalla si David hubiera permitido que esta imagen tomara el control de su mente? ¿Si por un momento se hubiese entretenido con aquella descripción hecha por el enemigo? ¿Si se hubiera imaginado tirado en el campo, siendo devorado por aves de rapiña después de resultar vencido? ¿Acaso no hubiera repensado lo que estaba a punto de hacer?

No obstante, David rápidamente procede contra el enemigo con su misma arma y le responde: «Jehová te entregará hoy en mi mano, y yo te venceré, y te cortaré la cabeza, y daré hoy los cuerpos de los filisteos a las aves del cielo y a las bestias de la tierra; y toda la tierra sabrá que hay Dios en Israel» (1 Samuel 17:46).

Esta forma de actuar puede ser considerada como un reemplazo de imágenes y está basada sin lugar a dudas en el mismo principio que el apóstol Pablo tuvo en cuenta cuando dijo: «Por lo demás, hermanos, todo lo que es verdadero, todo lo honesto, todo lo justo, todo lo puro, todo lo amable, todo lo que es de buen nombre; si hay virtud alguna, si algo digno de alabanza, en esto pensad» (Filipenses 4:8).

Josafat se vio bombardeado por imágenes que ciertamente contenían información, pero que no eran más que la manipulación del enemigo con el fin de trasformar toda su fe en temor.

TERCERA PARTE

PASOS PARA VENCER
LA ADVERSIDAD

A CONTINUACIÓN VAMOS A CONSIDERAR COMO UNA REVELACIÓN divina las acciones llevadas a cabo por este hombre llamado Josafat, quien utilizó principios que fueron ciertamente la clave para sobreponerse a la crisis que estaba supuesta a culminar en su destrucción.

Debemos dejar en claro que toda solución es producto de una acción. Y por ende este libro va a retarte precisamente a actuar de manera decisiva contra todo aquello que ha venido a dañarte. La Palabra de Dios nos exhorta: «No seas vencido de lo malo, sino vence con el bien el mal» (Romanos 12:21). Y es imprescindible poner por obra todo lo que la Palabra nos enseña, pues escrito está que la fe sin obras es muerta.

INFÓRMATE

«Y acudieron algunos y dieron aviso a Josafat, diciendo: Contra ti viene una gran multitud del otro lado del mar, y de Siria» (2 Crónicas 20:2).

En medio del conflicto que Josafat tuvo, vemos que recibe la información correcta. Prácticamente le informaron las «coordenadas» del lugar donde se encontraba su enemigo, quiénes eran sus oponentes y quiénes sus aliados. Y esto constituye un arma en extremo valiosa en todo conflicto.

Los Estados Unidos, siendo una de las mayores potencias mundiales, mantienen su soberanía y protegen su integridad gracias al arduo trabajo de su servicio de inteligencia. En algunos casos, para llevar a cabo esta tarea, utilizan unos pequeños aviones llamados Global Hawks [Halcones Globales], ideados y diseñados en específico para las fuerzas armadas estadounidenses. Lo particular de estas naves es que son dirigidas a control remoto sin la necesidad de un piloto, y su tarea principal es recolectar la mayor cantidad de información del enemigo, tomando fotos y haciendo una evaluación de su poderío antes de enfrentarlo.

Resulta interesante saber que el control con el que se manipulan estos aviones es casi como el de una consola Xbox de videojuegos. Sin embargo, estas naves distan mucho de ser un juguete, pues se considera que el monto de cada unidad asciende a unos dieciocho millones de dólares, sin incluir los operadores y programas que usa. Todo esto nos lleva a concluir que la información acerca de las fuerzas antagónicas resulta muy importante para una nación que desea proteger su soberanía.

No es extraño visitar un país donde existe una gran represión política y ver cuán extremadamente limitada es la información. En países como Cuba, un lugar en el que hemos estado ministrando, el acceso a la información no solo es escaso, sino también está penalizado por las autoridades.

Sir Francis Bacon hizo famosa la frase: «El conocimiento es poder». Mientras más información poseas con relación a cualquier situación, más ventaja tendrás sobre tu oponente. Incluso para saber de qué manera debemos orar, resulta necesario que busquemos los «diagnósticos correctos», sin olvidar que una cosa es lo que dice el hombre y otra lo que determina Dios.

El arte de la guerra es un tratado militar escrito por Sun Tzu, el cual se ha considerado durante los últimos dos mil años como una guía para los enfrentamientos bélicos. Este manual ha sido utilizado por los grandes estrategas militares de la historia, incluyendo al gran general estadounidense Douglas McArthur, y uno de sus pilares principales es el hecho de conocer a tu oponente. En una de sus páginas declara: «Si conoces a los demás y te conoces a ti mismo, ni en cien batallas correrás peligro».

En Números 13 vemos a Moisés como general del ejército enviando espías para reconocer el terreno y sobre todo identificar la oposición que enfrentarían cuando tomaran la tierra:

> Y Jehová habló a Moisés, diciendo: Envía tú hombres que reconozcan la tierra de Canaán, la cual yo doy a los hijos de Israel; de cada tribu de sus padres enviaréis un varón, cada uno príncipe entre ellos. Y Moisés los envió desde el desierto de Parán, conforme a la palabra de Jehová; y todos aquellos varones eran príncipes de los hijos de Israel. Estos son sus nombres: De la tribu de Rubén, Samúa hijo de Zacur. De la tribu de Simeón, Safat hijo de Horí. De la tribu de Judá, Caleb hijo de Jefone. De la tribu de Isacar, Igal hijo de José. De la tribu de Efraín, Oseas hijo de Nun. De la tribu de Benjamín, Palti hijo de Rafú. De la tribu de Zabulón, Gadiel hijo de Sodi. De la tribu de José: de la tribu de Manasés, Gadi hijo de Susi. De la tribu de Dan, Amiel hijo de Gemali. De la tribu de Aser, Setur hijo de Micael. De la tribu de Neftalí, Nahbi hijo de Vapsi. De la tribu de Gad, Geuel hijo de Maqui. Estos son los nombres de los varones que Moisés envió a reconocer la tierra; y a Oseas hijo de Nun le puso Moisés el nombre de Josué. Los envió, pues, Moisés a reconocer la tierra de Canaán, diciéndoles: Subid de aquí al Neguev, y subid al monte, y observad la tierra cómo es, y el pueblo que la habita, si es fuerte o débil, si poco o numeroso; cómo es la tierra habitada, si es buena o mala; y cómo son las ciudades habitadas, si son campamentos o plazas fortificadas; y cómo es el terreno, si es fértil o estéril, si en él hay árboles o no;

y esforzaos, y tomad del fruto del país. Y era el tiempo de las primeras uvas (Números 13:1-20).

Notemos que sin lugar a dudas uno de los principales intereses que Moisés tenía era obtener información fidedigna de quiénes serían sus opositores.

Más adelante, Josué, su sucesor, usa la misma estrategia enviando espías a Jericó. Resulta muy interesante que tanto Moisés como Josué recibieran promesas de contar con el respaldo de Dios en estas campañas de conquista. Sin embargo, esto no los detuvo de asesorarse en todo lo concerniente al enemigo.

En el libro de Jueces, Dios mueve a Gedeón a lo que desde un punto de vista natural pudiera considerarse una misión suicida, ya que en la oscuridad de la noche, acompañado por solo uno de sus criados y con el fin de obtener información acera de su enemigo, debió cruzar las líneas del campamento y acercarse hasta una distancia que le permitiera escuchar la conversación que sostenían en secreto los madianitas. ¡Cuán importante sería el hecho de tener la información correcta en cuanto a la guerra que tenían por delante, que fue necesario que el general del ejército pusiera en riesgo su propia vida con tal de obtenerla!

Un hombre informado es un hombre preparado. Y un hombre preparado se convierte en un guerrero poderoso en medio de los conflictos.

> **Un hombre informado es un hombre preparado.**

En las películas de artes marciales hemos visto a veces al proverbial espadachín ciego, alguien que careciendo de visión tenía la habilidad de combatir ferozmente hasta destruir a sus opositores. Sin embargo, en la vida real esto no es cierto, pues mientras más visión y conocimiento tengamos, mayor será nuestra habilidad para vencer a aquello que quiere derrotarnos.

Las Escrituras nos enseñan a no ignorar las maquinaciones del enemigo (2 Corintios 2:11). La palabra «ignorar» en este pasaje proviene del término *agnoeo*, que significa «no saber por falta de información o inteligencia». La ignorancia es, sin lugar a dudas, un punto a favor del enemigo en todo conflicto de nuestra vida.

Para concluir, permíteme citar a Aldous Huxley, quien decía: «Los hechos no dejan de existir porque los ignoremos». En otras palabras, aquel que ignore las pruebas, los problemas y las dificultades, no puede esperar salir victorioso de ellos.

Evita la negación

La negación es un concepto que descubrió la psicóloga Anna Freud, quien sostenía que una mente inmadura carece de la habilidad para tratar con los conflictos, y por lo tanto niega la existencia de los mismos.

Este es un mecanismo de defensa psicológico que se convierte en una de las principales tentaciones en el momento de enfrentar la adversidad. Y en mi opinión, es la razón por la que muchas personas evaden informarse de la realidad del conflicto. Escondiendo la cabeza bajo la tierra como el avestruz, no resuelven absolutamente nada. No obstante, si tan solo ignorando nuestros problemas se eliminaran, el mundo sería un lugar menos hostil de lo que es. ¿No crees?

Darle la espalda a nuestras dificultades puede proporcionarnos algunos momentos de paz, pero el precio sería muy alto, ya que los problemas aumentan cuando no los afrontamos.

Un famoso artista decía: «Vivir con los ojos cerrados es fácil». Esto no solo es erróneo, sino extremadamente peligroso en momentos de conflicto. La información correcta nos puede ofrecer la ventaja a fin de actuar aun antes de que el problema se convierta en una crisis.

El rey Salomón afirmaba que las pequeñas zorras destruyen los viñedos (Cantares 2:15). Esto es una referencia a que los problemas, aunque sean pequeños, pueden destruir nuestra vida, de modo que resulta importante contrarrestarlos desde que están en formación, manteniendo al enemigo a distancia y preparándonos en el momento oportuno, pero todo esto comienza con la información correcta.

En este sentido, un profeta del Antiguo Testamento afirmaba: «Mi pueblo fue destruido, porque le faltó conocimiento. Por cuanto desechaste el conocimiento» (Oseas 4:6).

La falta de conocimiento destruye y muchas veces esa carencia es voluntaria. Mejor dicho, nos falta conocimiento porque escogemos no buscarlo.

Cómo obtener información

1. Nunca asumas.

Uno de los sinónimos de la palabra asumir es «suponer», que significa conjeturar o considerar algo que no necesariamente es real como cierto o existente. Se trata de una idea concebida por nuestra propia mente, con una confianza que solo los hechos comprobados deberían generar.

Muchas situaciones pudieran ser resueltas si adoptáramos la conducta de constantemente preguntar cara a cara las cosas que necesitamos saber.

2. Obtén información sin prejuicios.

Una de las peores cosas que pueden sucedernos es tratar de obtener información de personas que tienen agendas escondidas. ¡Cuán horrible habría sido que los hombres que le informaron a Josafat hubieran tenido otro interés que no fuera el de advertirle al pueblo de Dios! Sin ningún ánimo de confrontación, debo decir que los noticieros de nuestros tiempos están contaminados en gran parte no solo por el entretenimiento que nuestra generación demanda, sino también por los intereses privados de aquellos que son dueños de los medios de comunicación.

3. Busca información lo más cercana a los hechos.

A medida que el tiempo pasa, muchas veces la realidad comienza a ser tergiversada hasta que deja de serlo. Debemos estar ávidos de obtener el conocimiento necesario en toda situación de la manera más rápida posible.

4. Corrobora.

Resulta interesante la forma en que los policías conducen sus investigaciones. Ellos separan a las personas interrogadas con el fin de corroborar las historias. Todo hecho debe ser confirmado antes de que lo usemos como información veraz.

Por último, antes de continuar, permíteme recordarte lo que la Palabra de Dios nos enseña: «Conoceréis la verdad, y la verdad os hará libres» (Juan 8:32), lo cual enfatiza una vez más cuán importante es tener la información correcta en un conflicto si en realidad buscamos librarnos de él.

GUARDA TU CORAZÓN

«Josafat humilló su rostro para consultar a Jehová» (2 Crónicas 20:3).

En el libro de Proverbios, el rey Salomón les deja una de las enseñanzas más poderosas a los hijos de Dios. Él nos recuerda: «Sobre toda cosa guardada, guarda tu corazón; porque de él mana la vida» (Proverbios 4:23). No obstante, si hay un momento en que este principio debe ser aplicado con la mayor responsabilidad y conciencia, es cuando estamos en medio de las adversidades. Cabe notar que la Biblia nos dice que inmediatamente después de que el rey Josafat escuchó sobre el ataque que estaba sufriendo, se humilló y consultó al Señor.

La importancia de esto radica en que en los momentos difíciles los seres humanos tendemos más bien a buscar a quién culpar por nuestra situación. Cuando no sabemos qué hacer en medio de los problemas, nos llenamos de orgullo y altivez. Empezamos a cuestionar a Dios (indirectamente) y nos enfocamos en nuestra propia justicia. Esto mismo le sucedió al gran profeta Elías, quien en su momento más difícil, mientras huía de Jezabel, le dijo al Señor: «Sólo yo he quedado» (1 Reyes 19:14). Como si quisiera resaltar su propia justicia y lealtad. Como diciendo que él era el único santo y fiel. Sin embargo, Dios notó su arrogancia y orgullo en sus palabras y lo reprendió diciendo: «Yo haré que queden en Israel siete mil, cuyas rodillas no se doblaron ante Baal» (1 Reyes 19:18).

En otras palabras: «No eres el único que ha mostrado fidelidad hacia Dios, así como tú, hay un pueblo que no se ha doblegado y ha permanecido fiel». Este pasaje nos debe recordar que incluso los hombres de Dios se pueden llenar de altivez en los momentos difíciles, pero debemos tener mucho cuidado de no caer en ese error. No debemos permitir que nuestro corazón sea contaminado con la arrogancia, la justicia propia, la duda, el temor, la incredulidad y la desconfianza. Al contrario, tenemos que aprender a humillarnos, no cuestionar y no justificarnos. Debemos cuidar nuestra actitud y nuestro corazón para que Dios nos ayude a salir victoriosos de los problemas.

> **Debemos cuidar nuestra actitud y nuestro corazón para que Dios nos ayude a salir victoriosos de los problemas.**

En Proverbios 15:33 se nos dice: «El temor de Jehová es enseñanza de sabiduría; y a la honra precede la humildad». Y Proverbios 22:4 declara: «Riquezas, honra y vida son la remuneración de la humildad y del temor de Jehová». Obviamente, de acuerdo a estos versículos, en el momento en que nos disponemos a reaccionar con un corazón humilde, ya estamos garantizando en parte nuestra victoria en todo conflicto.

Asimismo, el Señor afirma que él «resiste a los soberbios, y da gracia a los humildes» (1 Pedro 5:5). Y al revelar este aspecto de su carácter nos da una orden de revestirnos de humildad, lo cual me da a entender que la humildad es un mandamiento y por ende un acto de nuestra voluntad. En otras palabras, somos humildes y nos humillamos cuando nos proponemos hacerlo.

El apóstol Pablo también nos exhorta: «Haya, pues, en vosotros este sentir que hubo también en Cristo Jesús, el cual, siendo en forma de Dios, no estimó el ser igual a Dios como cosa a que aferrarse, sino que se despojó a sí mismo, tomando forma de siervo, hecho semejante a los hombres; y estando en la condición de hombre, se humilló a sí mismo» (Filipenses 2:5-8).

Aquí se nos ordena tener de forma voluntaria el mismo sentir que Jesús tuvo. Además, esta orden nos revela lo que considero es la clave para practicar la humildad: despojarse a sí mismo. La única manera de poder humillar nuestro rostro en todo conflicto es no aferrarnos a los derechos que percibimos merecer, los que con frecuencia nos dan una imagen inflada de nuestra persona.

Jesús tenía derechos de los cuales se despojó por causa nuestra. Tan grandes eran su autoridad y poder, que hubiera podido pedir que Dios enviara legiones de ángeles en su rescate, pero no lo hizo, ya que su corazón no estaba en complacerse a sí mismo, sino en agradar a su Padre celestial.

> En los momentos de dificultades necesitamos tener a Dios como nuestro aliado, y la actitud de nuestro corazón determinará si lo es o no.

Josafat hubiera podido cuestionar, reclamar y disgustarse por esta aparente injusticia, pues siendo un rey contado entre los más piadosos de Israel se veía agobiado como un impío. Sin embargo, él escogió el camino de la humildad.

En los momentos de dificultades necesitamos tener a Dios como nuestro aliado, y la actitud de nuestro corazón determinará si lo es o no.

En el libro de Job vemos que a diferencia de sus amigos, él fue muy cuidadoso en su actitud hacia Dios y los demás. A tal extremo que, como dice la Escritura, «en todo esto no pecó Job, ni atribuyó a Dios despropósito alguno» (Job 1:22).

Esto me indica que su corazón permaneció correcto delante de Dios a pesar de las vicisitudes por las que estaba atravesando. Podemos verlo incluso orando por sus amigos (Job 42:10), los que de manera constante e injusta añadieron un mayor estrés a su ya precaria condición. Habiendo sido abandonado por su familia, rechazado por sus amigos y criticado por sus contemporáneos, su actitud nunca dejó de ser humilde.

Del mismo modo, en el libro de Génesis vemos a José triunfar sobre la adversidad sin guardarles el más mínimo resentimiento a sus hermanos, que fueron los instrumentos de su desgracia.

Constantemente les advierto a todos los que confrontan situaciones difíciles que nunca deben preguntar: «¿Por qué?», ya que esto no solo es un reflejo emocional en muchas personas, sino una de las declaraciones más altivas que un ser humano puede hacer delante de Dios.

Para confiar en Dios resulta imprescindible tener un corazón humilde. El apóstol decía: «Humillaos, pues, bajo la poderosa mano de Dios, para que él os exalte cuando fuere tiempo» (1 Pedro 5:6).

Protege tu corazón con el gozo

Para Dios es muy importante la actitud que asumimos en medio de la prueba, ya que nuestra buena disposición en la adversidad no solo nos ayuda a resistir los problemas, sino es del agrado del Señor. Un profeta del Antiguo Testamento nos dio un ejemplo de cuál debería ser la actitud correcta frente a la adversidad, de modo que guardemos nuestro corazón en espera de una intervención divina: «Aunque la higuera no florezca, ni en las vides haya frutos, aunque falte el producto del olivo, y los labrados no den mantenimiento, y las ovejas sean quitadas de la majada, y no haya vacas en los corrales; con todo, yo me alegraré en Jehová, y me gozaré en el Dios de mi salvación» (Habacuc 3:17-18).

Resulta claro que la situación que estaba viviendo este profeta no era la mejor, pero también es evidente la actitud que asumió frente a tales circunstancias. Él prefirió guardar su corazón y decidió que iba a esperar en Dios. Y mientras esperaba, se deleitaría y gozaría, porque amargarse, quejarse y estresarse no iban a solucionar nada.

Del mismo modo, el aposto Pablo animó a sus discípulos a mantener una buena actitud en los problemas. Él fue muy enfático cuando señaló: «Regocijaos en el Señor siempre. Otra vez digo: ¡Regocijaos! [...] Por nada estéis afanosos, sino sean conocidas vuestras peticiones delante de Dios en toda oración y ruego, con acción de gracias» (Filipenses 4:4,6)

Incluso los científicos han descubierto los beneficios de gozarse y reírse. Ellos sostienen que la risa incrementa la producción de anticuerpos. Otros afirman que las risas alegres y repetitivas mejoran el estado de ánimo, reducen los niveles de colesterol en la sangre y regulan la presión sanguínea. Y aunque esto es solo valorado desde una perspectiva humana, los hijos de Dios sabemos que el gozo traerá no solo beneficios físicos, sino que es una puerta abierta para que el Señor nos guarde y visite en los momentos de adversidad. De este modo, «la paz de Dios, que sobrepasa todo entendimiento, guardará vuestros corazones y vuestros pensamientos en Cristo Jesús» (Filipenses 4:7).

Ningún problema y ninguna adversidad ameritan que perdamos nuestra paz. Y el poder de deleitarnos en medio de las tribulaciones reside en nosotros. Se trata de una decisión personal y que al final será honrada por nuestro Dios.

Para terminar quiero destacar una vez más la actitud que mostró el rey Josafat. Aunque fue un hombre justo, no cuestionó el problema. Y a pesar de ser un poderoso guerrero, no se envaneció ni se llenó de orgullo, sino que más bien humilló su rostro. De esa forma, aunque no sabía qué hacer, guardó su corazón a la espera de lo que Dios iba a hacer por su pueblo. No cometas el error de endurecer tu corazón, justificarte, quejarte y buscar culpables. Al contrario, te animo a cuidar tu corazón y mantener una postura humilde a pesar de las pruebas, porque al final «cualquiera que se enaltece, será humillado; y el que se humilla, será enaltecido» (Lucas 14:11).

SILENCIA LO NEGATIVO

«Entonces él tuvo temor; y Josafat humilló su rostro para consultar a Jehová» (2 Crónicas 20:3).

Existe un refrán popular que dice: «Palos y piedras pueden romper mis huesos, pero las palabras nunca me harán daño». Constantemente escucho a las personas citarlo con aparente sabiduría, pero en realidad esto es una necedad de acuerdo a las Escrituras.

Josafat acabó de escuchar las malas noticias, sin embargo, después de informarse, no permitió que nadie pronunciara palabra alguna.

Las palabras tienen un gran poder sobre los individuos. Un poder creativo o un poder destructivo. En Génesis vemos a Dios crear todo lo productivo y maravilloso del mundo por medio del poder de su palabra. Sin embargo, Proverbios 12:18 declara: «Hay hombres cuyas palabras son como golpes de espada».

Hay poder en las palabras negativas. Como una espada que hiere el cuerpo, las palabras negativas pueden no solo causarle daño al individuo, sino hasta destruirlo por completo.

Existe una máquina de resonancia magnética que es capaz de tomar vídeos de los cambios neurológicos que ocurren en el cerebro de un ser humano. Aunque su uso principal no es para estudiar la psicología de los individuos, algunos psiquiatras la utilizaron a fin de llevar a cabo un experimento. Estos doctores colocaron a ciertas personas en la máquina y comenzaron a mostrarles diferentes tarjetas que contenían diferentes vocablos, y al mostrar la palabra «no» por más de un segundo, de repente el cerebro comenzó a segregar una docena de hormonas y neurotransmisores responsables de causar el estrés en el ser humano.

> **Como una espada que hiere el cuerpo, las palabras negativas pueden no solo causarle daño al individuo, sino hasta destruirlo por completo.**

Estos químicos tomaron control de inmediato de la función normal del cerebro del individuo y comenzaron a afectar gravemente el razonamiento lógico, el pensamiento objetivo, el lenguaje y la comunicación. Al ver esto, los doctores se propusieron avanzar en el experimento. Y entonces comenzaron a darse cuenta de que invadir el cerebro humano con palabras negativas causaba daños permanentes en la memoria, las emociones, el apetito y el sueño, al igual que a la habilidad de sentirse satisfecho por cualquier cosa. Incluso cuando la persona vocaliza la palabra «no», muchos de estos químicos que causan irritabilidad en el sistema nervioso entran en acción. Lo más interesante es que el cerebro muchas veces no logra diferenciar lo real de la fantasía, sin embargo, sí puede distinguir lo que es positivo o negativo.

En nuestro texto central vemos a Josafat interesado en la información que necesitaba, pero una vez obtenidos esos datos, no permitió que el tema volviera a ser abordado, a diferencia de lo que nosotros hacemos en muchas ocasiones.

En Números 13:30 se relata que «Caleb hizo callar al pueblo delante de Moisés, y dijo: Subamos luego, y tomemos posesión de ella; porque más podremos nosotros que ellos».

Este líder vio que las palabras negativas que el pueblo estaba diciendo constituían una fuerte amenaza a la fe que necesitaba para enfrentar el reto que tenía por delante. Eso por eso que de una manera enfática calló al pueblo.

Cállate y enmudece

El mismo Señor Jesús demostró este principio y lo puso en práctica en un sinnúmero de oportunidades. Por ejemplo, cuando unos mensajeros le avisaron que su amigo Lázaro estaba enfermo, declaró algo que contradecía esta mala noticia: «Esta enfermedad no es para muerte, sino para la gloria de Dios, para que el Hijo de Dios sea glorificado por ella» (Juan 11:4).

Ya cuando Lázaro había muerto, Jesús llegó al sepulcro donde su amigo había sido colocado. Sin embargo, en el momento que pidió que le removieran la piedra, Marta le dijo: «Señor, hiede ya, porque es de cuatro días» (Juan 11:39). Y ante lo que sus oídos estaban escuchando, Jesús le contestó: «¿No te he dicho que si crees, verás la gloria de Dios?» (Juan 11:40).

En otra oportunidad, cuando estaba en una barca con sus discípulos, una tempestad se levantó y Jesús la reprendió diciendo: Calla, enmudece. Y cesó el viento, y se hizo grande bonanza» (Marcos 4:39).

Nuestro Señor conocía el poder que tienen las palabras negativas (aunque sean ciertas) en el corazón del creyente. Sobre todo cuando esas palabras llegan a nuestros oídos en medio de las dificultades. Ellas nos pueden robar la fe en los momentos que más necesitamos creer. Por lo tanto, tenemos que callar las voces negativas, esas que se enfocan en la escasez, la enfermedad, el dolor y la derrota.

En nuestros días, esto es algo muy común, pues los periódicos y noticieros lo único que hacen es enfocarse en lo negativo y hablar de malas noticias, muertes, accidentes y problemas. Es muy raro encontrar alguno de estos medios de comunicación que le dé alguna cobertura a las cosas buenas que suceden en nuestra sociedad.

El pastor Lester Sumrall, un antiguo predicador de New Orleans, recibió una gran lección en cuanto a esta verdad. Un día cuando fue a visitar a su mentor, el famoso evangelista Smith Wigglesworth, tocó a la puerta de su casa para pasar juntos un tiempo de oración. Cuando Wigglesworth abrió, vio a su discípulo con un periódico bajo su brazo y le dijo: «Entra tú, pero deja el periódico fuera. En esta casa nunca se permiten esas publicaciones».

Se sabía que el evangelista inglés no leía los periódicos ni tampoco dejaba que alguien los llevara a su casa. Con seguridad, porque conocía el poder de las malas noticias y que somos responsables de acallarlas. Este quizás era uno de los secretos de este poderoso hombre de Dios, que tuvo un prominente ministerio de señales y prodigios a comienzos de los años 1900, milagros que incluyeron desde sanidades hasta la resurrección de varias personas muertas.

Por lo tanto, no permitas que la gente te hable más de lo necesario. Sobre todo cuando estás siendo atacado o pasando dificultades. Tienes la responsabilidad y la autoridad de callar y silenciar toda palabra que viene a infundir temor, duda y confusión.

Desconéctate de lo negativo. Cierra tus oídos naturales y abre tus oídos espirituales para escuchar lo que Dios tiene que decirte.

David clamaba: «¡Oh Jehová, Señor nuestro, cuán glorioso es tu nombre en toda la tierra! Has puesto tu gloria sobre los cielos; de la boca de los niños y de los que maman, fundaste la fortaleza, a causa de tus enemigos, para hacer callar al enemigo y al vengativo» (Salmo 8:1-2).

> **Tienes la responsabilidad y la autoridad de callar y silenciar toda palabra que viene a infundir temor, duda y confusión.**

De acuerdo a estos versículos, las palabras negativas deben ser sustituidas por positivas. Nunca permitas que tus oídos se conviertan en receptores de las palabras de aquellos que con un corazón corrompido y una fe muerta tratan de envenenar tu vida y contaminar tu fe en los momentos más críticos.

El ser humano debe aprender lo que el rey Salomón enseñaba: «Aun el necio, cuando calla, es contado por sabio; el que cierra sus labios es entendido» (Proverbios 17:28). Es decir, hay veces que las palabras más sabias son las inexistentes.

Cuando no tenemos nada bueno que decir, es mejor callar. Y si las personas no lo hacen voluntariamente, creo que debemos actuar y ordenar que así se haga.

BUSCA LA SABIDURÍA

«Humilló su rostro para consultar a Jehová» (2 Crónicas 20:3).

La Biblia contiene una historia interesante. Había «una pequeña ciudad, y pocos hombres en ella; y viene contra ella un gran rey, y la asedia y levanta contra ella grandes baluartes; y se halla en ella un hombre pobre, sabio, el cual libra a la ciudad con su sabiduría; y nadie se acordaba de aquel hombre pobre. Entonces dije yo: Mejor es la sabiduría que la fuerza, aunque la ciencia del pobre sea menospreciada, y no sean escuchadas sus palabras. Las palabras del sabio escuchadas en quietud, son mejores que el clamor del señor entre los necios. Mejor es la sabiduría que las armas de guerra; pero un pecador destruye mucho bien» (Eclesiastés 9:14-18).

Este pasaje bíblico hace referencia a tres cosas que los individuos estiman de gran importancia al enfrentar los distintos problemas de la vida. Primero, las relaciones, luego la economía, y en tercer lugar la fuerza. Sin embargo, en esta historia también encontramos a un individuo pobre en una ciudad pequeña y con pocos hombres, y vemos cómo las Escrituras desestiman las armas para resolver el conflicto, exaltando la sabiduría por encima de las otras cosas. Una idea, una palabra o una estrategia pueden sin lugar a dudas ser la clave de nuestra más grande victoria.

En el mismo libro de la Biblia se enfatiza una vez más este punto cuando se habla de un joven cuya sabiduría lo lleva al éxito a pesar de su pobreza (Eclesiastés 4:13-14).

Es importante destacar que de acuerdo a la Palabra de Dios existen dos tipos de sabiduría. Una es la terrenal y diabólica. Esta es la sabiduría que provoca ideas y estrategias que usualmente violan las leyes de Dios y corrompen la moralidad de los hombres. Cuando el hombre está en un momento de vulnerabilidad, bajo la opresión de la adversidad, es tentado a bajar su estándar, comprometer su moral e ignorar sus principios en su búsqueda de una solución.

Hace mucho tiempo recuerdo haber dicho desde el púlpito de mi iglesia que si en tiempos de calamidad el diablo sigue siendo diablo y Dios sigue siendo Dios, ¿por qué nosotros dejaremos de ser cristianos? Debemos tener extremo cuidado de no comprometer nuestra santidad mientras buscamos la sabiduría. Una opción que viola nuestros principios no es una opción verdadera.

La segunda sabiduría, de la cual nos habla el apóstol Santiago, es aquella que viene de lo alto, la cual es primeramente «pura, después pacífica, amable, benigna, llena de misericordia y de buenos frutos, sin incertidumbre ni hipocresías» (Santiago 3:17).

Esta es la sabiduría de Dios. Y es la que nos da soluciones que no solo nos ayudarán a triunfar sobre la adversidad, sino también nos enriquecerán a fin de estar preparados para futuros conflictos.

Cuando nuestro texto principal afirma que Josafat consultó a Jehová, la Biblia usa la palabra *darash*, que en hebreo significa «escudriñar, inquirir o investigar». Precisamente por eso en el Nuevo Testamento se nos ordena escudriñar las escrituras. Si hay un momento en que una persona necesita la Palabra de Dios es en medio de la adversidad.

David afirmaba: «Lámpara es a mis pies tu palabra, y lumbrera a mi camino» (Salmo 119:105). Esto quería decir que él no daba un paso sin que la luz de la Palabra se lo indicara y lo guiara.

Asimismo, en 1 Samuel 23:2 vemos a David consultar a Jehová antes de hacer lo que quizás su mente o la gente le indicaban, ya que la Biblia nos exhorta a ello cuando dice: «No seas sabio en tu propia opinión» (Proverbios 3:7).

Muchas veces nuestro conocimiento y las experiencias pasadas pueden darnos una falsa seguridad en lo que concierne a la resolución de los problemas. Debemos considerar cada problema como una estrategia diferente que el diablo usa para destruirnos, por lo que no podemos apoyarnos en los mismos métodos e ideas preconcebidas.

Un ejemplo de esto lo encontramos en 2 Samuel 5:17-25, donde David se enfrenta a los filisteos y los derrota. Sin embargo, inmediatamente después los filisteos regresan, pero él no actúa de la forma en que las personas bajo un conflicto que se repite lo hacen. Es decir, tratando de encontrar soluciones en las experiencias pasadas y no en una nueva dirección de Dios.

David vuelve a consultar a Jehová, y Dios le da una nueva estrategia, distinta por completo a la anterior. Lo interesante de esto es que se trataba del mismo enemigo, en la misma época y prácticamente en el mismo territorio; sin embargo, Dios conocía todo lo que sucedería, algo que en su calidad de humano David no podía saber.

En Josué 9, el pueblo de Dios se ve engañado por los gabaonitas y hacen una alianza con ellos que se deberá mantener por el resto de la historia de Israel, algo que ocurrió simplemente porque en el momento crítico «no consultaron a Jehová» (Josué 9:14).

Actuar sin buscar la sabiduría de lo alto es literalmente como dar pasos en la oscuridad. Existe la probabilidad de que puedas avanzar por cierto tiempo, pero a la larga estás corriendo el riesgo de caer.

El apóstol Santiago nos exhorta diciendo: «Si alguno de vosotros tiene falta de sabiduría, pídala a Dios, el cual da a todos abundantemente y sin reproche, y le será dada» (Santiago 1:5).

Vivimos en la era del conocimiento. Es posible encontrar todo tipo de información en abundancia y de una manera accesible. Cuando alguien necesita saber algo en cualquier parte del mundo, puede hallar el dato rápidamente presionando una tecla frente a la pantalla de su computadora. La Internet no solo sirve para socializar, sino también para obtener información y encontrar respuestas a todo tipo de preguntas. Por este motivo, buscadores como Google y otros se han convertido en una herramienta indispensable para el mundo moderno.

El hombre de hoy en día está ansioso por encontrar información, respuestas y soluciones a sus problemas. Y los hijos de Dios no vivimos ajenos a esta necesidad. Estamos en una búsqueda permanente de la verdad, porque cuando la encontramos, el alivio, la victoria y la liberación son posibles (Juan 8:32). Sin embargo, a diferencia del mundo, los cristianos contamos con la Palabra de Dios. Ella es la fuente de sabiduría y verdad. Allí encontramos la información, las respuestas y las soluciones a nuestros problemas.

El apóstol Pablo explicó que cuando recibió instrucciones en cuanto a lo que debía hacer, no consultó en seguida con carne y sangre (Gálatas 1:16). En otras palabras, él no descartaba el consejo del hombre, pero no era su primera opción. La vida, el ministerio y el testimonio de Pablo son una evidencia de que siempre buscó primero la dirección divina y la sabiduría de lo alto.

Y eso es lo que debe hacer todo hijo de Dios ante de la adversidad. Debemos buscar la sabiduría que viene de lo alto, y ella debe convertirse en la fuente de nuestra orientación, en la brújula que nos lleva al destino deseado.

ORA

> «Y se reunieron los de Judá para pedir socorro a Jehová»
> (2 Crónicas 20:4).

Como pastor y ministro he aconsejado a miles de personas por muchos años en sus distintos problemas. Y resulta preocupante cuántas veces se repite la misma escena en un tiempo de consejería. En cada ocasión, cuando tengo ante mí a individuos, parejas o familias que están atravesando por los momentos más difíciles, una pregunta que les hago es: «¿Han dedicado un tiempo a orar?».

Después de ver los rostros sorprendidos por la pregunta, me doy cuenta de que esto quizás era lo más lejano en sus mentes, que la oración no era parte de su plan para enfrentar sus conflictos.

Josafat no titubeó en orar, ya que sabía que era una de las actividades más importantes que debía practicar a fin de salir victorioso del conflicto. La oración fue, de acuerdo a las Escritura, su primera reacción.

¡Cuán maravilloso sería si el pueblo de Dios no tuviera períodos de oración, sino viviera una vida de oración! ¡Cuán glorioso sería! ¡Cuántos testimonios escucharíamos! ¡Cuántas victorias viviríamos!

El apóstol Pablo dijo: «Orad sin cesar» (1 Tesalonicenses 5:17), y con esto se refería a mantener una constante comunicación con Dios. No debemos olvidar que uno de los deseos de Dios es convertirse en nuestro amigo. Y la amistad habla de una relación cercana con una persona que no necesariamente está unida a ti desde el punto de vista biológico, sino más bien porque ha escogido mantener una relación estrecha.

Muchos conflictos en nuestra vida habrían podido evitarse o resolverse en lugar de causarnos tanto mal si hubiéramos tenido esta actitud con respecto a la oración.

Niveles de oración

El Señor Jesús hizo referencia a diferentes niveles básicos de oración cuando dijo: «Pedid, y se os dará; buscad, y hallaréis; llamad, y se os abrirá» (Mateo 7:7).

El primer nivel incluye la petición que desata la provisión. Este nivel no necesariamente está vinculado a los conflictos, sino más bien a cualquier tipo de necesidad que tenemos en un momento dado. Y de acuerdo a lo que vemos en este versículo, la respuesta puede ser inmediata. Casi todos los creyentes en una u otra ocasión han visto muchas de sus peticiones contestadas, aunque se trata de un tipo de oración que no demanda urgencia.

El segundo nivel implica buscar para hallar. Este nivel demanda una acción que acompaña a la petición. Para ilustrar mejor esto, pongamos el ejemplo de cuando estamos buscando trabajo. Como creyentes, estamos supuestos a confiar en Dios y pedirlo en oración. Sin embargo, después de orar, nos ponemos en movimiento y salimos en busca de él.

Y el tercer nivel, aquel que considero más radical en el concepto de oración, es el de llamar (o tocar como dicen algunas traducciones) hasta que sea abierto. Aquí no solo se habla de añadir una acción a nuestra oración, sino de golpear fuerte y persistentemente hasta que la respuesta llegue.

Esto es a lo que comúnmente se le llama oración intercesora o guerra espiritual, y pienso que es el nivel que representa mejor el esfuerzo que Josafat estaba haciendo, pues en el momento que levanta su rostro y empieza a orar, muestra la determinación de que persistiría hasta ganar lo que consideraba era uno de los combates más fuertes de su vida.

Dios puede hacer en un segundo lo que a nosotros nos tarda diez años. Y considero que uno de los peligros más grandes por el que la iglesia contemporánea está atravesando es la influencia del humanismo. Con esto me refiero a que el hombre prefiere buscar soluciones naturales a conflictos que son espirituales, pero cuando hace esto, está asegurando su derrota.

David señala: «Estos confían en carros, y aquéllos en caballos; mas nosotros del nombre de Jehová nuestro Dios tendremos memoria» (Salmo 20:7). Tal afirmación revela que él tenía conocimiento de que la cultura de su generación mostraba una tendencia a poner su confianza en las cosas naturales, terrenales y humanas, no en el Señor. La oración es literalmente una declaración de nuestra dependencia de Dios.

Permíteme enumerar a continuación algunos elementos vitales que le añaden poder a la oración.

Persistencia

Creo que es de extrema importancia que el creyente comprenda que no toda oración recibirá una respuesta instantánea.

Habrá momentos en que por más que insistamos y persistamos, ciertos procesos tendrán que tomar lugar hasta que sea contestada nuestra oración.

Existieron momentos en que una simple orden de Jesús llena de autoridad provocó una total liberación en los individuos. No obstante, hubo otras ocasiones en que los espíritus de las tinieblas ofrecieron oposición al intentar ser arrojados de las personas a las que atormentaban.

En el Antiguo Testamento encontramos al profeta Eliseo guiando al rey de Israel en un acto profético, en el cual le pide que golpee la tierra con unas saetas. El rey la golpea tres veces, y entonces el profeta se molesta y le revela que cada golpe representaba una victoria contra el enemigo, de modo que si hubiera dado un número mayor de golpes la victoria habría sido total (2 Reyes 13:14-19). Muchas veces los cristianos tenemos la falsa impresión de que las respuestas serán inmediatas, pero habrá momentos en que tendrás que golpear, volver a golpear y seguir golpeando hasta lograrlo. Hasta que veas resultados. Hasta que Dios responda.

En el Nuevo Testamento vemos a Jesús orar dos veces por un hombre ciego. Quizás este hecho hubiera sido tomado como una señal de incredulidad o falta de fe en algunas iglesias cristianas de hoy, pero lo cierto es que no solo debemos orar dos veces, sino es nuestro deber hacerlo hasta que el milagro ocurra.

Santidad

Otro elemento importante para que la oración sea efectiva es la santidad. Cuando escuchamos a los cristianos citar el verso que dice: «Seguid [...] la santidad, sin la cual nadie verá al Señor», muchas veces lo limitamos al contexto de la eternidad, a nuestro destino final. Sin embargo, esto habla más del carácter de Dios que de cualquier otra cosa.

Nuestro Dios detesta el pecado. Desde el principio de los tiempos hasta hoy, el pecado ha sido responsable de abrir un abismo entre la creación y el creador.

En el tabernáculo y posteriormente en el templo, el sumo sacerdote actuaba como el intercesor entre Dios los hombres. Y debido a esto, debía mostrar una total y absoluta consagración y santidad al entrar a la presencia de Dios. En Isaías 58:1-12 vemos al pueblo de Dios ayunando y orando, sin embargo, el Señor conocía la condición pecaminosa de su corazón. Él estaba indignado de que un pueblo injusto estuviera clamando por justicia.

La Biblia afirma en 1 Pedro 2:9 que somos «linaje escogido, real sacerdocio, nación santa», y la santidad es un requisito indispensable en la tarea de interceder.

Armonía

Resulta interesante que esta palabra nos muestra un aspecto del carácter de Dios que no puede ser ignorado en nuestra relación con él, y mucho menos cuando nos disponemos a orar.

Dios nos demanda la misma gracia y misericordia que él tiene para con nosotros. «Sed, pues, misericordiosos, como también vuestro Padre es misericordioso» (Lucas 6:36). Por lo tanto, cuando nos acercamos a Dios pidiendo misericordia en oración, tenemos que evidenciar la misma compasión con las demás personas.

El apóstol exhortaba: «Vosotros, maridos, igualmente, vivid con ellas sabiamente, dando honor a la mujer como a vaso más frágil, y como a coherederas de la gracia de la vida, para que vuestras oraciones no tengan estorbo» (1 Pedro 3:7).

¡Qué maravilloso sería que pudiéramos cumplir todos los requisitos espirituales para venir delante de Dios en oración y recibir una repuesta! No obstante, si no estamos en armonía y comunión con nuestras parejas, podemos fallar en lo que a obtener una respuesta se refiere. Nuestro Señor Jesús enseñó este mismo principio cuando dijo: «Por tanto, si traes tu ofrenda al altar, y allí te acuerdas de que tu hermano tiene algo contra ti, deja allí tu ofrenda delante del altar, y anda, reconcíliate primero con tu hermano, y entonces ven y presenta tu ofrenda» (Mateo 5:23-24).

No es un secreto que nuestro Dios rechaza la altivez, porque esta causa desunión con nuestros amigos, hermanos y familiares. Debemos aprender a estar en paz para que nuestras oraciones puedan alcanzar el trono de Dios.

Intensidad

Seguramente haz escuchado muchas veces a una persona preguntarle a otra: «¿Qué tanto deseas esto?» o «¿Cuán desesperado estás por obtenerlo?».

Nuestro Dios demanda una pasión por las cosas que deseamos y le pedimos. La Biblia narra una ocasión en que Jesús permitió que una mujer lo siguiera sin contestar su clamor. Y cuando se dispuso a contestarle lo hizo de una forma negativa, aunque al final de todo le concedería la petición que ella demandaba.

En ocasiones me he preguntado a que se debió esto, pero en mi espíritu he sentido la respuesta. Creo que esa fue la manera en que Dios buscó intensificar el deseo de aquello que le estaba demandando.

Incluso en el Antiguo Testamento vemos a Elías llamar al profeta Eliseo por medio de un roce de su manto y luego despedirlo de una forma despectiva (2 Reyes 2). Esto parecería una contradicción si no conociéramos el carácter de nuestro Dios.

Quizás la lección más importante para ilustrar este punto la encontramos en 1 Samuel 1, mientras transcurría el tiempo de los jueces. Ana, una mujer estéril, se encontraba orando intensamente, llena de amargura y dolor, en busca de una respuesta divina. Fue esta actitud la que llamó la atención no solo del sacerdote

Elí, que la observaba cuando oraba, sino de Dios mismo. Las situaciones críticas demandan oraciones intensas.

ABSTENTE

«He hizo pregonar ayuno a todo Judá» (2 Crónicas 20:3).

En cierto momento el rey Josafat declaró un ayuno nacional. Esta práctica, que en su forma más básica se define como la abstinencia de alimento, puede ser llevada a cabo de distintas maneras.

Pablo hablaba de que el atleta debía abstenerse de todo con tal de ganar. Y todo el que ha tenido la oportunidad de practicar alguna disciplina deportiva se ve confrontado con la demanda de que para tomar en serio dicha disciplina es imprescindible privarse de muchas de las cosas que son normales en el diario vivir de una persona.

El hombre moderno se ve saturado de distracciones y prácticas que le roban la habilidad de concentrarse por completo en lo que en verdad tiene relevancia en su vida. Los teléfonos celulares, la Internet, la televisión y muchas otras cosas fueron en un tiempo un vehículo de relajamiento y entretenimiento al final de un día productivo, pero hoy se han convertido en el centro de nuestra vida. Sin embargo, sobre todo en los tiempos de conflicto, debemos aprender a practicar la abstinencia de muchas cosas que nos impiden enfocar nuestras fuerzas.

A fin de que una rama pueda dar más fruto, debe ser podada. De la misma manera, somos mucho más efectivos cuando logramos podar nuestro entorno para asegurar nuestro triunfo frente a las calamidades.

Esto mismo le sucedió a Aron Ralston, el famoso escalador de montañas que en el año 2003 quedó atrapado en las montañas rocosas de Utah. Mientras escalaba, una roca se desprendió, aplastó su brazo derecho y lo mantuvo atrapado por más de ciento veinte horas. Para liberarse y salir con vida, tuvo que tomar la trágica decisión de cercenar y amputar su brazo con un cuchillo. Su historia fue llevada al cine en la película *127 horas*.

En el libro de Jueces vemos al Señor recortar la armada de Gedeón mientras se disponía a enfrentar al ejército de los madianitas, que dicho sea de paso era más grande y fuerte que el de Israel. Esto resulta ilógico desde el punto de vista humano, pero desde la óptica divina responde al principio que hemos enseñado. Si tales soldados no iban a ser instrumentos activos para resolver el conflicto que tenían por delante, era preferible que no estuvieran en el ejército.

Identifica en tu vida las cosas, actividades y hábitos que en un momento difícil no hacen más que robarte los recursos que necesitas para obtener tu victoria.

El lugar donde vivo está muy apartado, aunque no se encuentra alejado de la ciudad. Es como una granja con mucha vegetación y una gran cantidad de animales. Los mapaches, ardillas, conejos, perros de pradera y también culebras están a la orden del día. Algunas veces, cuando en las mañanas salgo a mi patio, puedo notar las pieles que las culebras han mudado. Debido a mi curiosidad me dispuse a averiguar sobre ello, y aprendí que a las culebras les es imposible seguir creciendo a menos que se deshagan de su piel.

Pienso que lo mismo sucede con nosotros. Si nos despojamos de esas cosas que nos distraen y nos cargan más de lo debido, podemos estar listos para lo que Dios quiere traer a nuestra vida.

El rey David nos enseñó una lección cuando al despojarse de toda la armadura de Saúl pudo concentrarse en una sola arma y obtener la victoria contra Goliat (1 Samuel 17). Así que desechemos y cortemos las cosas que no nos permiten avanzar.

Los apetitos de la carne

La carne tiene tres apetitos básicos: la comida, el sexo y el sueño. Cuando nos abstenemos de satisfacer los apetitos de la carne, el Espíritu toma el control total de nosotros y hay un mayor fluir de la unción de Dios.

La razón por la que Jesús se abstuvo de tocar mujer, practicó el ayuno y vigilaba en oración, era precisamente para mantener sometidos a estos apetitos. De modo que estas prácticas no solo son una sugerencia para el creyente, sino deben ser parte de nuestros ejercicios espirituales y precisamos adoptarlas como un estilo de vida.

El apóstol Pablo, que ayunaba y en varios pasajes comparte sobre sus desvelos, le habla a una iglesia de Asia y le dice: «No os neguéis el uno al otro, a no ser por algún tiempo de mutuo consentimiento, para ocuparos sosegadamente en la oración» (1 Corintios 7:5). Esta es la única causa por la que el deber conyugal debía ser interrumpido, a fin de concentrarse en la oración, en especial si estamos en medio de un conflicto espiritual.

Por otra parte, en Hechos 27 se nos relata que la embarcación que transportaba a Pablo estaba a punto de hundirse, de modo que para mantenerse avanzando debieron arrojar al mar algunas piezas de la nave.

¡Qué interesante ilustración bíblica del principio de la abstinencia! Las tormentas de la vida nos demandan que alivianemos las cargas si queremos salir victoriosos. Aunque en algún momento esas piezas podían ser beneficiosas, en medio de la tormenta resultaba contraproducente seguir llevándolas.

Del mismo modo, llegó un momento en la vida de Abraham en que la separación de su sobrino Lot era imprescindible para avanzar en medio de los retos que tenía por delante. Aunque lo amaba mucho, entendió que en ese momento era mejor marcar una dolorosa, pero necesaria distancia. Y al final vemos que esta decisión fue de mucho beneficio para él.

En la película *Masters and Commanders* (titulada en español *Capitán de mar y guerra*), que protagoniza el artista australiano Russell Crowe, se muestra una escena muy interesante. Mientras se encontraban en medio de una gran tormenta, fue necesario que uno de los miembros de la tripulación subiera al mástil principal para ver si la tierra que necesitaban alcanzar se hallaba aún lejos.

En medio de la oscuridad, este hombre escaló el mástil, pero no pasó mucho tiempo antes de que una fuerte ola golpeara la embarcación y rompiera dicho madero, el cual luego cayó al agua y puso en peligro a toda la embarcación, pues la poderosa columna todavía permanecía amarrada al barco.

Entonces alguien le gritó al capitán que cortara las cuerdas o la embarcación se hundiría. No obstante, siendo el hombre que aún se mantenía aferrado al mástil uno de los mejores amigos del capitán, él se mantuvo vacilante, sin decidirse a actuar. Luego de una lucha consigo mismo, mas entendiendo su responsabilidad como el capitán del barco, tuvo que cortar las cuerdas enviando a su amigo al fondo del mar, pero salvando a la embarcación completa.

Aplicar este principio no resulta fácil, aunque en momentos difíciles es necesario hasta cierto punto.

Apaga el interruptor

Existe un comercial televisivo que nos ayuda a poner en práctica el principio que hemos analizado en esta parte del libro. En él se muestra a una familia que está celebrando el Día de Acción de Gracias en su hogar, pero como sucede en las familias modernas, los hombres se encontraban pegados a la televisión mirando los deportes, los chicos jugaban videojuegos, y así parecía que todos estaban presentes físicamente, pero desconectados por completo de lo que en verdad importaba ese día.

Sin embargo, la mamá astutamente entró al garaje y apagó el interruptor que alimentaba de electricidad a la casa entera.

Cuando todo se apagó, logró capturar la atención de los que estaban presentes.

Piensa por un momento: ¿Cuánto tiempo tendrías para buscar, orar, leer la Palabra o escuchar una prédica si lograras apagar el interruptor de las distracciones? En especial en un momento de conflicto, sería muy beneficioso para ti si lograras apagar el interruptor de las cosas que te roban la atención, de modo que puedas desconectarte, distanciarte y despojarte de todo aquello que no te conviene.

IDENTIFICA A TUS ALIADOS

«Y se reunieron los de Judá...» (2 Crónicas 20:4).

En el ámbito militar, una fuerza descentralizada es una fuerza inexistente. En realidad, la dispersión de un ejército es sinónimo de derrota. Muchas veces, en los momentos más conflictivos de nuestras vidas, nos encontramos tan fragmentados que perdemos la habilidad de confrontar al enemigo.

Cuando el rey Josafat supo que un ejército formado por los hijos de Moab y Amón venía a hacerle frente, «se reunieron los de Judá para pedir socorro a Jehová» (2 Crónicas 20:4). Fue necesario que se unieran en oración para empezar a hacerle frente al enemigo, pues Josafat entendía la importancia de encontrar aliados para salir victoriosos en la guerra.

Resulta muy interesante que la palabra «aliado» tenga su raíz en el latín *aligare*, que significa «ligar, atar o amarrar».

Dicho de otro modo, en tiempos de guerra debemos «ligarnos» a la gente de Dios. Aliarnos a personas que en los momentos difíciles no solo puedan darnos un buen consejo, sino también ayudarnos y acompañarnos en nuestra oración.

Partiendo de la declaración salomónica que dice: «Mejores son dos que uno; porque tienen mejor paga de su trabajo. Porque si cayeren, el uno levantará a su compañero; pero ¡ay del solo! que cuando cayere, no habrá segundo que lo levante» (Eclesiastés 4:9-10), pasando por el clamor de Jesús, que ora por sus discípulos «para que sean uno» (Juan 17:11), hasta llegar a las palabras de Pablo, que exhorta «a Evodia y a Síntique, que sean de un mismo sentir» (Filipenses 4:2), la Biblia es una invitación a encontrar aliados para las distintas batallas que libramos.

Las Escrituras están pobladas de principios que nos llaman a la unidad y nos recuerdan sus beneficios, sobre todo cuando estamos bajo ataque y necesitamos ser levantados por otros.

> **Las Escrituras están pobladas de principios que nos llaman a la unidad y nos recuerdan sus beneficios.**

El huerto de Getsemaní, humanamente hablando, representa el momento y el lugar más difíciles para nuestro Señor Jesucristo. Allí, a solo unas horas de ser entregado para su flagelación y posterior crucifixión, vivió la agonía más terrible de su vida. Sin embargo, justo en ese lugar de angustia, buscó a sus discípulos como aliados, a quienes les confesó: «Mi alma está muy triste, hasta la muerte; quedaos aquí y velad» (Marcos 14:34). Jesús nos enseñó la importancia de rodearnos de personas que nos ayudaran a mantenernos fuertes en nuestros momentos de debilidad.

Es bueno tener aliados para que nos den una mano. Gente que esté contigo cuando enfrentes a tus enemigos. Tenemos que ver a nuestros hermanos en la fe como aliados y formar equipos de personas que nos ayuden. Josafat buscó a sus aliados cuando no sabía qué hacer, ya que en muchos casos la ayuda, el consejo y la liberación llegarán a través de las personas que Dios ha puesto a nuestro alrededor.

Anteriormente hacíamos mención de las personas que solo hablan de forma negativa y ven problemas. De esos individuos tenemos que distanciarnos y buscar acercarnos a los guerreros de oración, aquellos que nos van a acompañar en las buenas y las malas. Esas son las personas que en tiempos de dificultad nos dirán: «Aquí estoy contigo, parado en la brecha por ti, peleando tus batallas como si fueran mías». Ellos son los que están creyendo junto a ti. Gente de Dios. Como lo fue Rut para Noemí, a quien le dijo en un momento de dolor: «No me ruegues que te deje, y me aparte de ti; porque a dondequiera que tú fueres, iré yo, y dondequiera que vivieres, viviré. Tu pueblo será mi pueblo, y tu Dios mi Dios» (Rut 1:16).

Las batallas de la vida, aunque sangrientas y hostiles, son los vehículos que Dios utiliza para otorgarnos las más grandes victorias. No obstante, las posibilidades se incrementan cuando encontramos aliados. Ellos son soldados que impulsados por una motivación divina se unen a nuestra causa. Y lo hacen porque tenemos mucho en común. Los mismos enemigos, las mismas armas, la misma fe, las mismas promesas y el mismo general que estará con nosotros siempre.

Cómo hacer aliados

Como pastor, he visto a muchos cristianos quejarse de la misma forma cuando están atravesando problemas. Ellos alegan que nadie los ayuda ni los llama y se sienten solos. Cuando eso sucede, casi siempre les hago preguntas que de modo irónico contestan su inquietud y hacen acallar sus quejas: «¿A cuántas personas has ayudado? ¿A cuántos has llamado? ¿Por quiénes has orado?».

Cuando me responden que a nadie, entonces se dan cuenta de que no pueden cosechar lo que no han estado dispuestos a sembrar. No podemos pretender recibir el respaldo de nuestros hermanos si no los hemos apoyado cuando lo necesitaron.

> No podemos pretender recibir el respaldo de nuestros hermanos si no los hemos apoyado cuando lo necesitaron.

La vida nos llevará a situaciones en las que algunas personas cercanas a nosotros necesitarán cierto tipo de ayuda. Y es allí que debemos aprovechar nuestra oportunidad de sembrar en la vida de otros, de modo que podamos cosechar en los momentos difíciles. El apóstol Pablo enseñaba diciendo: «Así que, según tengamos oportunidad, hagamos bien a todos, y mayormente a los de la familia de la fe» (Gálatas 6:10).

Cuando en los peores momentos de la vida de un individuo te conviertes en alguien como ese ángel en Getsemaní que confortó al Señor, nacerá un lazo de fidelidad que jamás podrá ser quebrantado.

Recuerdo que hace muchos años atrás uno de mis principales líderes fue bendecido por Dios con una pareja de mellizos. Estos dos preciosos niños se hicieron muy famosos en nuestra congregación por sus travesuras. No solo eran físicamente idénticos, sino también se asemejaban en picardía. Me acuerdo de que un domingo, mientras me dirigía al púlpito para predicar, atravesé por el pasillo donde estaba la sala cuna de la iglesia.

En el momento en que pasaba frente a la habitación, me llamó la atención que por alguna razón uno de los gemelos estaba llorando inconsolablemente. En ese momento me sentí motivado a entrar y tomarlo en mis brazos para consolarlo. Y en efecto terminé llevándolo conmigo y colocándolo cerca del púlpito. Han pasado los años, estos dos niños se han convertido en adolescentes y nunca he podido diferenciar a uno del otro físicamente, excepto por el hecho de que aquel al que ayudé siempre corría primero a saludarme y abrazarme. Como si hubiéramos establecido un vínculo irrompible el día que lo tomé en mis brazos.

Encuentra un propósito en común

Un antiguo profeta preguntaba: «¿Andarán dos juntos, si no estuvieren de acuerdo?» (Amós 3:3). Esto nos enseña que si hay un propósito en común, entonces sí podemos caminar juntos.

En el caso de Josafat, este rey encontró aliados en el pueblo al explicarle que estaban unidos en el conflicto y por ende debían cooperar en la resolución del mismo.

Recuerdo que en mi adolescencia, por causa de mi corta estatura, era el blanco de la burla de algunos de mis compañeros de clase. Esto sucedió mayormente cuando asistía a la escuela secundaria. No obstante, había uno en particular que con frecuencia me intimidaba y agredía sin piedad. Ese compañero, por supuesto, era más fuerte y corpulento que yo.

Al cabo de un tiempo, llegó a la escuela un primo mío a quien describiría como un «pichón de mamut». Él era grande, tenía una estatura imponente, y aunque era un poco lento para desplazarse, les inspiraba respeto a todos en la escuela. A partir de ese momento sentí un gran alivio y descanso, ya que sabía que él me protegería ante cualquier situación difícil, pero que en especial me defendería de mi agresor.

Un día, en común acuerdo, decidimos enfrentar al compañero que me agredía. Primero lo haría solo, pero sabiendo que mi primo vendría a rescatarme cuando yo lo llamara. Ese día mi compañero se asombró al ver que yo me sentía seguro, y cuando se acercó para agredirme, llamé a mi primo. En efecto, el muchacho quedó paralizado ante la rudeza y el tamaño de mi primo, que acudió de inmediato en mi auxilio. El resto es historia. Jamás volvieron a provocarme ni agredirme al saber que yo estaba protegido.

Él era mi aliado y yo estaba seguro. Y todo lo que necesité hacer para lograrlo fue convencer a mi primo de que si yo era ridiculizado, a la larga él también lo sería.

Cuando de alguna manera hacemos nuestros los propósitos de otros, nos aseguramos aliados en todo conflicto que enfrentemos. Esto es cierto tanto en el ámbito personal como internacional, y ejemplos de ello son las coaliciones que se formaron durante la Primera y la Segunda Guerra Mundial, integradas por países con intereses comunes.

Así que encontremos esos puntos de afinidad entre nosotros y nuestros amigos y lograremos que se sumen a toda batalla que tengamos.

Cuando Moisés se encontraba en el desierto y con una gran necesidad de ayuda, conoció a un madianita llamado Habad, hijo de Ragüel, a quien le dijo: «Nosotros partimos para el lugar del cual Jehová ha dicho: Yo os lo daré. Ven con nosotros, y te haremos bien; porque Jehová ha prometido el bien a Israel. Y él le respondió: Yo no iré, sino que me marcharé a mi tierra y a mi parentela. Y él le dijo: Te ruego que no nos dejes; porque tú conoces los lugares donde hemos de acampar en el desierto, y nos serás en lugar de ojos. Y si vienes con nosotros, cuando tengamos el bien que Jehová nos ha de hacer, nosotros te haremos bien» (Números 10:29-32). Cuando compartes con otra persona una visión en común, tal persona estará a tu lado.

Profundiza en tus relaciones

Vivimos en una sociedad que está sobresaturada de la socialización virtual. En otras palabras, las relaciones interpersonales han sido sustituidas por el contacto virtual a través de la Internet. Esto ha dado lugar a un sinnúmero de relaciones superficiales y poco significativas, generando el riesgo de quedarnos solos en los tiempos de conflictos. «¡Ay del solo!», decía el rey Salomón (Eclesiastés 4:10).

Tenemos que aprender a establecer relaciones profundas con otras personas, pues estas son las únicas que perdurarán en los momentos difíciles y nos serán de gran ayuda. Ahonda y echa raíces en tus relaciones personales. Pasa tiempo de calidad con las personas

> Cuando leemos la Biblia, notamos que muchos hombres de Dios tuvieron que recibir una revelación para entender que no estaban solos.

que Dios ha puesto a tu alrededor, y con el tiempo podrás recibir los beneficios de esta unidad.

No estás solo

Al intentar hacer aliados, quizás te plantees algunas interrogantes, como por ejemplo a quiénes dirigirte. Sin embargo, puedes dar por seguro que Dios te ha rodeado de un sinnúmero de personas que están a tu lado para ayudarte.

Cuando leemos la Biblia, notamos que muchos hombres de Dios tuvieron que recibir una revelación para entender que no estaban solos, que Dios los había rodeado de gente a fin de cumplir la misión encomendada y brindarles ayuda cuando estuvieran en dificultades.

En el momento en que el apóstol Pablo llegó a la ciudad de Corinto, luego de estar unos días predicando, se encontró con la oposición de los judíos. Y allí mismo, cuando se sintió intimidado, el Señor se le apareció en la noche y en una visión le dijo: «No temas, sino habla, y no calles; porque yo estoy contigo, y ninguno pondrá sobre ti la mano para hacerte mal, porque yo tengo mucho pueblo en esta ciudad» (Hechos 18:9-10). En ese momento Pablo entendió que Dios no lo había dejado solo, y como evidencia de su fidelidad le estaba anunciando que tenía «mucho pueblo» para ayudarlo a enfrentar toda oposición y salir victorioso. A causa de esta palabra, la Biblia nos dice que el apóstol permaneció en esta ciudad dieciocho meses, cumpliendo con su llamado.

Lo mismo les sucede a los cristianos hoy en día. Hay veces que nos sentimos desprotegidos y abandonados, pero es precisamente en esos momentos cuando el Señor nos rodea de personas para que luchen junto a nosotros. Necesitamos pedirle a Dios que nos ilumine y revele esta verdad, que abra nuestros ojos y haga que nos llenemos de fe. La Biblia nos da un ejemplo de esto. En 2 Reyes se nos cuenta que el rey de Siria mandó a buscar a Eliseo para arrestarlo. Cuando todo el ejército había rodeado la ciudad donde el profeta estaba, este salió de su casa junto a su siervo. Una vez que vieron a tan gran multitud de soldados, el criado se asustó y exclamó: «¡Ah, señor mío! ¿qué haremos?». Entonces el profeta pronunció la famosa frase: «No tengas miedo, porque más son los que están con nosotros que los que están con ellos». Y luego oró por el siervo diciendo: «Te ruego, oh Jehová, que abras sus ojos para que vea. Entonces Jehová abrió los ojos del criado, y miró; y he aquí que el monte estaba lleno de gente de a caballo, y de carros de fuego alrededor de Eliseo» (2 Reyes 6:15-17).

Todos estaban juntos

Para terminar, quiero recordarte que en medio del ataque que sufría el rey Josafat, «todo Judá estaba en pie delante de Jehová, con sus niños y sus mujeres y sus hijos» (2 Crónicas 20:13). El pueblo se hallaba de común acuerdo, y así debemos estarlo nosotros. Necesitamos permanecer unánimes y unidos a nuestros hermanos, porque en la vida nuestros más grandes logros estarán vinculados a nuestros más fieles amigos. Ellos representan una de las más grandes bendiciones que el Señor nos ha dado.

INCORPÓRATE

«Entonces Josafat se puso en pie en la asamblea de Judá…» (2 Crónicas 20:5).

Mucho tiempo atrás escuché una frase interesante. Alguien dijo: «Tu altitud la determina tu actitud». Y a lo largo de mi ministerio he podido comprobar que se trata de una realidad. Sin embargo, esta verdad se hace más relevante en los momentos difíciles.

En el pasaje bíblico que estamos estudiando vemos que el rey Josafat, a pesar del increíble peso que llevaba sobre sus hombros y parecía aplastarlo, se puso de pie.

> **Resulta imprescindible que nos levantemos en medio de las pruebas.**

Creo que la Palabra de Dios lo destaca a fin de describir no solo su postura física, sino también su actitud espiritual. Resulta imprescindible que nos levantemos en medio de las pruebas. Que elevemos nuestro rostro, con el pecho erguido y la total confianza de que podremos vencer toda circunstancia adversa.

Resulta maravilloso contar con personas que nos sostengan en los tiempos difíciles, es bueno saber que tenemos el apoyo de la gente en medio de las dificultades, pero habrá momentos en que la única persona con el poder para levantarte serás tú mismo.

En cierta ocasión en que el pueblo de Israel estaba en medio de grandes dificultades, una mujer asumió el liderazgo de su pueblo. Ella declaró: «Las aldeas quedaron abandonadas en Israel, habían decaído, hasta que yo Débora me levanté» (Jueces 5:7). En ese tiempo en que el temor y el desánimo reinaban en el pueblo, ella tuvo que asumir una actitud desafiante para poder confrontar la adversidad.

La Palabra de Dios nos enseña que habrá momentos en que caeremos y el Señor nos levantará. Sin embargo, el rey Salomón afirmó que «siete veces cae el justo, y vuelve a levantarse» (Proverbios 24:16). Esto habla de una determinación a no permanecer postrado ante los problemas.

En otro pasaje, el mismo rey Salomón decía: «El ánimo del hombre soportará su enfermedad; más ¿quién soportará al ánimo angustiado?» (Proverbios 18:14).

En este versículo la palabra «ánimo» proviene del término hebreo *ruajk*, que traducido al español quiere decir «el aliento de Jehová» o «la presencia de Dios». Y es muy importante notar lo que esto implica, pues nuestra actitud determina muchas veces que contemos con la presencia de Dios obrando en nosotros en los momentos difíciles. Es como si Dios nos dijera: «Si estás dispuesto a luchar, yo lucharé contigo».

El Señor le dijo al profeta Ezequiel que se pusiera sobre sus pies, porque iba a hablarle. Nuestro Dios no trata con aquellos que se han rendido o escogen permanecer postrados por el peso de las circunstancias. Lo mismo le sucedió a Elías, cuando abrumado e intimidado por los ataques de Jezabel, y pensando que había llegado al final del camino, el ángel lo despertó y le ordenó incorporarse, diciéndole: «Levántate y come, porque largo camino te resta» (1 Reyes 19:7).

La palabra «entusiasmo» se compone etimológicamente de dos raíces, *in* que quiere decir dentro y *theos* que quiere decir Dios. O sea, que estar entusiasmado significa tener a Dios con nosotros. Cuando nos sentimos animados, entusiasmados o motivados, mostramos una actitud de fe que le resulta atractiva a nuestro Dios.

En la famosa historia del hijo pródigo de Lucas 15:11-32, la actitud también juega un papel preponderante, ya que aunque el padre amaba a su hijo, no fue a buscarlo para que regresara a casa. Al contrario, esperó hasta que su hijo decidiera por sí mismo levantarse de la desgracia en la que había caído.

Sin embargo, es bueno señalar que cuando el hijo pródigo dijo: «Me levantaré e iré a mi padre» (Lucas 15:18), antes de la acción física de incorporarse, se levantó anímicamente. Y esto sucedió porque en ausencia de personas que lo motivaran, tuvo que convertirse en su propio motivador. Comenzó a generar las palabras de ánimo que necesitaba para producir la «chispa» que lo llevaría a ponerse en pie. Su restauración final y la victoria sobre la adversidad fue un resultado directo de la actitud que tuvo.

En los Salmos también vemos a David hablarle a su propia alma, porque precisamente es en el alma donde residen nuestras emociones. El quería que su alma abatida experimentara emociones positivas, por eso lo propicia diciendo: «Bendice, alma mía, a Jehová, y bendiga todo mi ser su santo nombre. Bendice, alma mía, a Jehová, y no olvides ninguno de sus beneficios. Él es quien perdona todas tus iniquidades, el que sana todas tus dolencias; el que rescata del hoyo tu vida, el que te corona de favores y misericordias; el que sacia de bien tu boca de modo que te rejuvenezcas como el águila. Jehová es el que hace justicia y derecho a todos los que padecen violencia» (Salmo 103:1-6).

Resulta claro que David estaba buscando la fuerza que necesitaba para levantarse. En otro momento se vuelve a dirigir a su alma, diciéndole: «¿Por qué te abates, oh alma mía, y te turbas dentro de mí?» (Salmo 42:5). Esta era una práctica muy frecuente del rey, sobre todo en los momentos difíciles de su vida.

El famoso psiquiatra austríaco y sobreviviente del Holocausto, Viktor Frankl, afirmaba que «todo puede serle arrebatado a un hombre, menos la última de las libertades humanas: elegir su actitud en una serie de circunstancias, elegir su propio camino».

Como seres humanos, no podemos de escoger las distintas pruebas que nos sobrevendrán, pero sí podemos elegir la actitud que tendremos frente a ellas.

La motivación se define como lo que impulsa a una persona a actuar de determinada manera o por lo menos origina una propensión hacia un comportamiento en particular. Ese impulso puede ser provocado por un estímulo externo o generado por el propio individuo. Algunos escritores expertos en inteligencia emocional, como Goleman y Weisinger, alegan que después de lograr el autoconocimiento y el autocontrol, resulta imprescindible encontrar fuentes de inspiración que nos proporcionen energía para actuar. Esto es lo que en la psicología se conoce como automotivación.

Tanto la Palabra de Dios como los expertos en el comportamiento humano apoyan el concepto de que si te dispones a buscar fuerzas para levantarte, con seguridad las encontrarás.

Vale la pena entender al concluir este tema que cuando nos levantamos, los demás también pueden ser motivados por nuestra actitud. ¡Cuán maravilloso fue para un pueblo temeroso ante la dificultad ver al rey Josafat levantarse e inspirarse debido a su determinación! Todos en uno u otro momento seremos derribados, pero debemos recordar que no resultaremos destruidos (2 Corintios 4:9).

A través de los años he utilizado una anécdota que muy bien puede ilustrar lo que es la automotivación y la determinación de continuar hasta vencer.

Se cuenta que dos ranitas cayeron en un gran depósito de leche. En el instante, ellas se dieron cuenta de lo precario de la situación. Luego de varios intentos de saltar para poder salir, se percataron de que su única opción era nadar a fin de mantenerse a flote, ya que el borde del depósito estaba muy lejos de su alcance.

Así que comenzaron a nadar y a nadar, hasta que una de las ranitas le gritó a la otra: «Matilda, ya no puedo más. Esto no tiene sentido. Nunca podremos salir de aquí. ¿De qué nos sirve seguir luchando? Yo me rindo».

Y con esta exclamación, la ranita se dejó caer hasta las profundidades del depósito y se ahogó. Sin embargo, Matilda se resistió a escuchar las palabras negativas de su ya fallecida amiga. Y sin saber cómo, cuándo o de dónde vendría la solución, continuó nadando y repitiéndose en su mente: «No me voy a rendir. No voy a permitir que esta situación se convierta en mi final. Seguiré luchando».

A medida que se animaba a sí misma, como de una manera sobrenatural, nuevas fuerzas se generaban en ella. Y en vez de nadar más lento, lo hacía con más empeño. Era como si las fuerzas físicas hubieran sido reemplazadas por una fuerza interior. Matilda continuó haciendo este ejercicio hasta que de repente, como por un milagro, batió tanto la leche que esta se convirtió en mantequilla, y ya solidificada pudo pararse en la superficie y salir del depósito.

Hay veces que nos corresponde provocar nuestros milagros en situaciones en las que incluso el Señor desea ver nuestra determinación, a fin de no solo sobrevivir, sino de triunfar en medio de las adversidades.

En la sección anterior hablábamos de cómo encontrar a nuestros aliados, pero debo decirte que uno de tus principales aliados eres tú mismo. Y te conviertes en tu aliado más importante cuando eres tu principal animador y crees que tienes todo lo necesario para salir adelante en toda circunstancia.

CONOCE TU HERENCIA

Jehová Dios de nuestros padres, ¿no eres tú Dios en los cielos, y tienes dominio sobre todos los reinos de las naciones? ¿No está en tu mano tal fuerza y poder, que no hay quien te resista? Dios nuestro, ¿no echaste tú los moradores de esta tierra delante de tu pueblo Israel, y la diste a la descendencia de Abraham tu amigo para siempre? Y ellos han habitado en ella, y te han edificado en ella santuario a tu nombre, diciendo: Si mal viniere sobre nosotros, o espada de castigo, o pestilencia, o hambre, nos presentaremos delante de esta casa, y delante de ti (porque tu nombre está en esta casa), y a causa de nuestras tribulaciones clamaremos a ti, y tú nos oirás y salvarás. Ahora, pues, he aquí los hijos de Amón y de Moab, y los del monte de Seir, a cuya tierra no quisiste que pasase Israel cuando venía de la tierra de Egipto, sino que se apartase de ellos, y no los destruyese; he aquí ellos nos dan el pago viniendo a arrojarnos de la heredad que tú nos diste en posesión. ¡Oh Dios nuestro! ¿no los juzgarás tú? Porque en nosotros no hay fuerza contra tan grande multitud que viene contra nosotros; no sabemos qué hacer, y a ti volvemos nuestros ojos» (2 Crónicas 20:6-12).

Es importante aclarar que aunque estos versos que pertenecen a la oración del rey Josafat contienen un sin número de signos de interrogación, tal cosa no significa que el rey estaba cuestionando a Dios, sino más bien enfatizaba lo que creía que él le había prometido, y que por lo tanto era parte de su herencia como siervo del Señor.

Aquí vemos a este hombre tener un conocimiento absoluto de cuáles eran las promesas que Dios le había dado a su pueblo, de aquello que había sido legalmente decretado por la Palabra de Dios, así que cualquier intento de las tinieblas de arrebatárselo era ilegal desde el punto de vista espiritual. Y con esto provocó que el Dios de toda justicia se moviera a su favor.

En el verso 12 él exclama: «¡Oh Dios nuestro! ¿no los juzgarás tú?». Esta firmeza y seguridad de que Dios actuaría con la misma indignación que él sentía provenía de una convicción expresada en el verso anterior: «Ellos han venido a despojarnos de la heredad que tú nos diste en posesión».

Imaginémonos por un momento que eres el heredero de una gran fortuna. Digamos que un acaudalado tío te dejó una casa en las montañas llena de todos los muebles y bienes que acumuló durante toda su vida en sus viajes alrededor del mundo. Y a pesar de que todo fue registrado en un documento legal, nunca hubo un conteo exacto ni una descripción de los artículos legados. Entonces, pasado un tiempo, cuando al final logras llegar a la casa en las montañas, descubres las evidencias de que ha ocurrido un robo. Unos ladrones entraron y robaron la casa. Y aunque no se lo llevaron todo, hay obvias señales de que varias cosas fueron hurtadas.

La gran interrogante es: ¿Cómo podrás reclamar aquello que aunque legalmente es tuyo, nunca supiste que lo tenías?

Si tuvieras la oportunidad de luchar por recuperar aquello que perdiste, ¿cómo lo harías si ni siquiera sabes qué te robaron?

Esta es la disyuntiva en la que viven los seres humanos y lamentablemente incluso los más devotos cristianos debido a que ignoran las promesas de Dios y la herencia que su Hijo nos entregó en la cruz del calvario.

El apóstol Pablo decía: «Entre tanto que el heredero es niño, en nada difiere del esclavo, aunque es señor de todo; sino que está bajo tutores y curadores hasta el tiempo señalado por el padre» (Gálatas 4:1-2).

Esto alude a ciertas costumbres que existían en el contexto cultural de esos tiempos. Los herederos eran puestos bajo la tutela de hombres expertos en prepararlos para ejercer su posición futura de autoridad y salvaguardar lo que les pertenecía. Resulta muy interesante que mientras el heredero era un niño, y por lo tanto ignoraba su autoridad, aunque legalmente poseía un imperio se le comparaba a cualquier esclavo. Aquel que desconoce sus posesiones, nunca disfrutará de ellas.

Los Estados Unidos han mostrado como una cualidad distintiva su extremo celo en cuidar la constitución, la cual resalta los derechos de cada ciudadano. Es importante señalar que en los momentos de evolución de esta gran nación, cuando los derechos constitucionales se han visto amenazados, se anima a que todos tengan una copia de la constitución en sus manos. En especial los cristianos, que en ciertos momentos hemos sido víctimas de antagonismo por ejercer nuestra libertad de expresión, debemos cada vez más tener un pleno conocimiento de cuáles son nuestros derechos.

De la misma manera, en el ámbito espiritual debemos escudriñar las Escrituras, conocer las promesas de Dios para nuestra vida, así como la herencia de los santos.

Una vez leí una historia acerca de un joven que estaba a punto de graduarse y había pedido como regalo de graduación un auto. Finalmente, llegó el día de la ceremonia y su padre le entregó una caja. El muchacho la abrió con expectación y encontró una Biblia adentro. Entonces, enojado y decepcionado, le devolvió la caja a su padre y se retiró para nunca más volver a dirigirle la palabra. Años más tarde, su padre falleció y él tuvo que regresar a casa para recoger sus pertenencias. Mientras el joven revisaba los papeles que estaban sobre el escritorio, pudo ver la caja. Cuando la destapó, encontró la Biblia que su padre le había regalado. En ese momento la abrió por primera vez y pudo notar que adentro había un sobre. Luego rasgó el sobre y encontró un cheque a su nombre con la misma fecha del día de la graduación y por la cantidad exacta del valor del auto que había pedido.

Nuestra dejadez en el estudio de la Palabra nos lleva muchas veces a carecer de poder en el momento de la calamidad. Sin embargo, Josafat mostraba un amplio y preciso conocimiento de cuáles eran sus derechos como hijo de Dios.

En los capítulos 9 y 10 del libro de Daniel encontramos a este hombre de Dios enfrascado en una batalla campal contra las fuerzas del enemigo. En estos pasajes se corre el velo de lo natural para visualizar lo que estaba sucediendo en el mundo espiritual. Allí vemos a Dios otorgarle la victoria que tanto anhelaba, pues como él mismo describió, «el conflicto era grande». Sin embargo, todo esto simplemente es resultado de lo que se nos informa en los primeros versículos del capítulo 9: «Yo Daniel miré atentamente en los libros el número de los años de que habló Jehová al profeta Jeremías, que habían de cumplirse».

Lo que había sucedido era que mientras Daniel escudriñaba las Escrituras, se percató de cómo el enemigo había tratado de detener el cumplimiento de una profecía dada al pueblo de Dios. Así que apoyado en esta base espiritual, el profeta intercedió con tanta seguridad que los cielos se abrieron y Dios mismo se aseguró de que recibiera la respuesta.

Muchas veces, cuando aconsejo a las personas que se encuentran en medio de conflictos, les pregunto: «¿Qué versículos en la Biblia piensas que respaldan tu oración en este momento?». Y una gran mayoría de las veces esta pregunta solo sirve para que la gente se dé cuenta de que la fe que tanto dicen tener no posee una base bíblica.

El Nuevo Testamento relata que cuando Jesús descendía de un monte, «vino un leproso y se postró ante él, diciendo: Señor, si quieres, puedes limpiarme» (Mateo 8:2). Aunque en esta ocasión la gracia de Dios hizo que la situación al final concluyera en un milagro, resulta muy lamentable que muchos creyentes no tengan duda de que Dios puede hacer la obra, pero al igual que el leproso, desconozcan si es su voluntad hacerla.

Estemos al tanto de lo que Dios nos ha prometido

Hace mucho tiempo me pasó algo curioso al entrar con mi vehículo a una estación de gasolina. Cuando fui a pagar, me di cuenta de que no tenía dinero y tuve que retirarme sin poder llenar el tanque del vehículo. Después llegué a casa, revisé de nuevo mi billetera, y encontré un billete de cincuenta dólares bien escondido.

En ese instante el Señor le habló a mi corazón para enseñarme la lección de que en ocasiones estamos atravesando por escasez, dificultades y sufrimientos, sin saber que tenemos todo lo que necesitamos para hacerle frente a los problemas.

Ahí me puse a pensar en lo importante que es para los cristianos recordar todas las promesas que Dios nos ha hecho. Quizás no sepamos qué hacer, pero sí conocemos lo que el Señor nos ha dado. Y esas promesas se convierten en anclas para la fe de los creyentes, en especial cuando la adversidad nos llega.

En este sentido, el apóstol Pablo dijo: «No seáis insensatos, sino entendidos de cuál sea la voluntad del Señor» (Efesios 5:17). Debemos entender cuál es el deseo y la voluntad de Dios para cada situación que atravesamos.

No podemos resignarnos a la escasez, la enfermedad y la derrota sabiendo que Dios nos ha llamado a vivir una vida plena y abundante al margen de los problemas. Una vida con provisión, sanidad y la victoria que él compró en la cruz del calvario. Debemos entender que para cada enfermedad hay una promesa de sanidad, para las crisis financieras hay provisión, para las ataduras hay liberación, para las caídas hay restauración, y para la confusión hay promesas de luz y dirección. No obstante, resulta imprescindible conocer las promesas y tenerlas presentes en nuestros corazones. De nada sirve tener algo de valor, pero ignorar que lo poseemos.

Cuando sabemos que algo se nos ha dado o prometido, entonces lo podemos reclamar legítimamente.

La historia de Caleb ilustra como ninguna otra la importancia de recodar una promesa hecha y reclamar lo que se nos ha prometido. Cuando el pueblo de Israel llegó a la tierra prometida, Josué comenzó a distribuir lo que le correspondía a cada tribu. En ese momento, Caleb recordó la promesa que se le hizo cuando tenía cuarenta años y le reclamó a Josué: «Moisés juró diciendo: Ciertamente la tierra que holló tu pie será para ti, y para tus hijos en herencia perpetua, por cuanto cumpliste siguiendo a Jehová mi Dios.

> **En tus momentos más difíciles, recuerda lo que Dios te ha dicho, recurre a sus promesas y en ellas encontrarás la dirección sabia y la esperanza para seguir adelante.**

Ahora bien, Jehová me ha hecho vivir, como él dijo, estos cuarenta y cinco años, desde el tiempo que Jehová habló estas palabras a Moisés, cuando Israel andaba por el desierto; y ahora, he aquí, hoy soy de edad de ochenta y cinco años. Todavía estoy tan fuerte como el día que Moisés me envió; cual era mi fuerza entonces, tal es ahora mi fuerza para la guerra, y para salir y para entrar. Dame, pues, ahora este monte, del cual habló Jehová aquel día» (Josué 14:9-12).

Entonces Caleb recibió las tierras que le habían prometido, estableciendo un ejemplo para nosotros de la importancia de conocer las promesas que nos han hecho y reclamarlas.

En tus momentos más difíciles, recuerda lo que Dios te ha dicho, recurre a sus promesas y en ellas encontrarás la dirección sabia y la esperanza para seguir adelante.

ENCUENTRA LA AUTORIDAD DIVINA

«Y estaba allí Jahaziel hijo de Zacarías, hijo de Benaía, hijo de Jeiel, hijo de Matanías, levita de los hijos de Asaf» (2 Crónicas 20:14).

Creo de todo corazón que uno de los males que predomina en la iglesia de Jesucristo de estos tiempos tiene que ver con la ligereza con la que los cristianos se cambian de congregación, abandonando su lugar «cual ave que se va de su nido» (Proverbios 27:8) y dejando al pastor que vela por sus almas.

Las razones para dejar sus iglesias no justifican esta práctica tan común en nuestros días, ya que muchas veces son solos excusas a fin de no estar sometidos o porque rechazaron la corrección y esto ha traído consecuencias en el pueblo cristiano.

Creo que resulta fundamental entender la importancia de pertenecer a una congregación, tener un pastor y estar bajo autoridad. La única vez que la Biblia revela de manera explícita la compasión que Jesús tuvo por la gente fue en el contexto de pertenecer a un rebaño bajo el cuidado de un pastor. «Y al ver las multitudes, tuvo compasión de ellas; porque estaban desamparadas y dispersas como ovejas que no tienen pastor» (Mateo 9:36).

Un creyente que no está bajo la autoridad divina es tan vulnerable como la oveja que se encuentra sola, desamparada y alejada del rebaño, sin un pastor que pueda velar por ella.

Dios nos ha provisto de pastores para que puedan alimentarnos, protegernos y guiarnos. Y cuando una persona se halla en problemas, la labor de un pastor y los líderes de una iglesia es guiar a ese individuo para que pueda sobreponerse a las adversidades.

El problema de los cristianos de hoy es que no tenemos una conexión real con el liderazgo divino, sobre todo cuando estamos bajo ataque, a pesar de que nuestras autoridades espirituales han sido designadas por Dios para proteger y guiar nuestras vidas.

La Biblia nos dice que cuando el rey Josafat enfrentó la adversidad al ser rodeado por el ejército enemigo, los levitas estaban presentes. Allí, en medio de su incapacidad, Josafat sabía que no podía estar lejos de los levitas, pues ellos representaban el liderazgo divino, a través del cual iba a recibir las instrucciones de Dios.

Y fue por medio del levita Jahaziel que vino una palabra de ánimo y esperanza para Josafat y todo el pueblo allí reunido, seguida de una instrucción específica acerca de cómo debían enfrentar ese momento: «Oíd, Judá todo, y vosotros moradores de

> Un creyente que no está bajo la autoridad divina es tan vulnerable como la oveja que se encuentra sola, desamparada y alejada del rebaño, sin un pastor que pueda velar por ella.

Jerusalén, y tú, rey Josafat. Jehová os dice así: No temáis ni os amedrentéis delante de esta multitud tan grande, porque no es vuestra la guerra, sino de Dios. Mañana descenderéis contra ellos; he aquí que ellos subirán por la cuesta de Sis, y los hallaréis junto al arroyo, antes del desierto de Jeruel» (2 Crónicas 20:15-16).

Para la resolución de este conflicto fue muy importante estar a la sombra de una autoridad profética como lo era Jahaziel, cuyo nombre significa en el original hebreo «Dios revela». Hay momentos en que el consejo, la dirección, la instrucción o sencillamente la unción de una autoridad espiritual son la única clave para encontrar las soluciones y la sabiduría que andamos buscando.

Todo creyente debe tener una iglesia y un pastor

Al inicio hablé acerca de la ligereza que muestran algunos cristianos para cambiar de iglesia, pero también creo pertinente referirme además a los criterios que los creyentes tienen en cuanto a escoger un lugar para congregarse, ya que para eso también se necesita dirección divina. El cristiano promedio quiere ir a la iglesia que tenga el mejor grupo de alabanza o la mejor Escuela Dominical para los niños, o un programa que pueda satisfacer sus necesidades personales. Y aunque estas cosas son importantes, no deben ser las razones principales que determinen dónde nos congregamos. La iglesia es primeramente un lugar de autoridad y cobertura para un creyente. Un lugar que tiene un líder espiritual, bajo el cual Dios nos ubica para que nos proteja, alimente y guíe nuestras vidas como un pastor a sus ovejas.

> Creo que es fundamental que entendamos que el verdadero propósito de un hombre de Dios no es precisamente hablar de Dios, sino más bien hablar por Dios.

En este sentido, creo que es fundamental que entendamos que el verdadero propósito de un hombre de Dios no es precisamente hablar de Dios, sino más bien hablar por Dios. Josafat entendía bien este principio, pues afirmaba: «Creed en Jehová vuestro Dios, y estaréis seguros; creed a sus profetas, y seréis prosperados (2 Crónicas 20:20).

En los momentos de adversidad, las soluciones vendrán por medio de una profecía, un consejo o una enseñanza desde el púlpito o en tu grupo pequeño en el hogar. Sea como fuere, es importante estar vinculados a esa autoridad espiritual a fin de recibir la sabiduría.

Recuerdo que hace muchos años había una serie de televisión que se llamaba «El llanero solitario». El personaje que galopaba en su caballo a fin de enmendar las injusticias del viejo oeste estadounidense. Así mismo he visto a algunos cristianos deambular por la vida, solitarios por decisión propia, pensando que no necesitan tener una figura de autoridad sobre ellos que los guíe para hacerle frente a los problemas y desafíos.

El hijo pródigo es un ejemplo evidente de las consecuencias de estar fuera de la cobertura provista por Dios. Mientras estuvo en casa disfrutaba de provisiones y protección en abundancia, pero en el momento en que decidió apartarse de su padre y dejar su hogar, vivió la mayor tragedia de su vida. Aunque luego volvió en sí y regresó, hubiera sido mucho mejor quedarse y permanecer bajo la autoridad de su padre.

Todo creyente debe tener una iglesia donde congregarse y un pastor al que someterse. Y considero que la mejor iglesia es aquella donde Dios te ha ubicado. Esa es tu casa.

Dirección específica

En momentos de dificultades, si estás bajo una autoridad divina, puedes acudir a ella para recibir una palabra que te dé ánimo y fomente la fe en tu corazón. Y también a través de tus pastores puedes recibir instrucciones específicas para lo que estás atravesando.

Este principio está ilustrado en la historia de la viuda que fue a visitar al profeta Eliseo. Luego de perder a su marido, un acreedor quería llevarse a sus dos hijos como una forma de pagar las deudas adquiridas. En su desesperación, ella acudió al profeta y recibió una palabra específica: «Eliseo le dijo: ¿Qué te haré yo? Declárame qué tienes en casa. Y ella dijo: Tu sierva ninguna cosa tiene en casa, sino una vasija de aceite. Él le dijo: Ve y pide para ti vasijas prestadas de todos tus vecinos, vasijas vacías, no pocas. Entra luego, y enciérrate tú y tus hijos; y echa en todas las vasijas, y cuando una esté llena, ponla aparte. Y se fue la mujer, y cerró la puerta encerrándose ella y sus hijos; y ellos le traían las vasijas, y ella echaba del aceite» (2 Reyes 4:2-5).

Por medio de esta palabra la mujer pudo conseguir suficiente dinero no solo para pagar las deudas con su acreedor, sino que sobró a fin de que se pudiera sostener junto a sus hijos (2 Reyes 4:6-7). Su liberación llegó cuando pudo someterse a la autoridad divina representada por el profeta Eliseo.

¿Quién es tu autoridad?

Por lo general, una de las maneras que el enemigo usa para obtener ventaja en las situaciones difíciles es remover la cobertura de la autoridad divina que hay sobre nosotros. La razón por la que utilizo este término se debe a que la Biblia también destaca la idea del amparo humano como un vehículo del amparo divino. En otras palabras, toda persona debe estar bajo la protección, el cuidado y la dirección de un mentor.

En estos días resulta muy necesario tener sobre nosotros a personas de experiencia, con un buen testimonio y dignas de nuestra confianza. Gente que nos inspire, a la que respetemos y pueda estar cerca de nosotros a fin de buscarla en los tiempos difíciles.

A lo largo de todas las Escrituras podemos ver esta verdad aplicada al pueblo de Dios con múltiples beneficios.

El salmista decía: «¡Mirad cuán bueno y cuán delicioso es habitar los hermanos juntos en armonía! Es como el buen óleo sobre la cabeza, el cual desciende sobre la barba, la barba de Aarón, y baja hasta el borde de sus vestiduras» (Salmo 133).

Aquí el sacerdote Aarón se ve designado como una figura de amparo sobre el cuerpo. Y este cuerpo representa a las personas que recibirán la unción que su autoridad hacía fluir. En esto consiste el principio bíblico de la transferencia, el cual vemos ilustrado cuando Jehová le dijo a Moisés: «Toma a Josué hijo de Nun, varón en el cual hay espíritu, y pondrás tu mano sobre él; y lo pondrás delante del sacerdote Eleazar, y delante de toda la congregación; y le darás el cargo en presencia de ellos. Y pondrás de tu dignidad sobre él, para que toda la congregación de los hijos de Israel le obedezca» (Números 27:18-20).

Más adelante podemos ver que esta ordenanza tuvo su cumplimiento cuando «Josué hijo de Nun fue lleno del espíritu de sabiduría, porque Moisés había puesto sus manos sobre él; y los hijos de Israel le obedecieron, e hicieron como Jehová mandó a Moisés» (Deuteronomio 34:9).

Nótese que estos versículos no hablan del espíritu de Jehová, sino del espíritu de Jehová que estaba en Moisés. Es por eso que aparte del espíritu, también la dignidad de Moisés fue transferida a Josué, su sucesor.

Si Dios es quien unge, ¿por qué habría de usar a Moisés para ungir a Josué? La respuesta es sencilla: Porque Dios respeta sus propias jerarquías.

En el milagro de la multiplicación y distribución de los panes y los peces vemos el mismo principio, ya que inmediatamente después que Jesús los partió, los puso en las manos de sus discípulos y ellos los entregaron a toda la multitud.

No obstante, volviendo a Moisés, no solo vemos que su unción es transferida a Josué, sino también a los ancianos que lo ayudaron a guiar al pueblo. Por eso Dios le dijo: «Yo descenderé y hablaré allí contigo, y tomaré del espíritu que está en ti, y pondré en ellos; y llevarán contigo la carga del pueblo, y no la llevarás tú solo» (Números 11:17). Muchas veces veo a personas cometer el error de tratar de obtener ayuda de individuos con buenas intenciones, pero que carecen de la autoridad debida. Como aquel padre de familia que al llevar a su hijo afligido ante los discípulos no logró la liberación que necesitaba hasta que Jesús entró en escena (Marcos 9:14-29).

Constantemente, cuando hablo en conferencias alrededor del mundo, les digo a las personas que púlpitos fríos engendran cristianos sin poder. Y vale la pena agregar que el infierno sí sabe distinguir la legítima autoridad divina, mientras que a veces las mismas personas no pueden hacerlo. Así sucedió en Éfeso, cuando los demonios les dijeron a unos exorcistas ambulantes: «A Jesús conozco, y sé quién es Pablo; pero vosotros, ¿quiénes sois?» (Hechos 19:15).

> **Muchas veces veo a personas cometer el error de tratar de obtener ayuda de individuos con buenas intenciones, pero que carecen de la autoridad debida.**

Hoy en día tenemos una gran cantidad de hombres autopromovidos en el ministerio. A tal extremo que el título de «apóstol» ha venido a ser usado de manera irresponsable muchas veces con el fin de atribuirse una autoridad que no poseen.

Pablo hablaba de las marcas de un apóstol, enseñándonos que la autoridad divina se juzga por las obras, tal como lo explicó Jesús cuando dijo que el árbol se conoce por sus frutos (Mateo 7:20).

En los momentos de grandes conflictos, necesitamos estar bajo una autoridad divina genuina. Cuando Jahaziel abrió su boca, solo declaró unas simples frases, sin embargo, no eran sus palabras, sino las de Dios.

Y estas palabras trajeron el poder para literalmente aplastar las tinieblas que se habían levantado contra el pueblo.

RESÍSTETE A LA AUTOSUFICIENCIA

«Y dijo: Jehová Dios de nuestros padres, ¿no eres tú Dios en los cielos, y tienes dominio sobre todos los reinos de las naciones? ¿No está en tu mano tal fuerza y poder, que no hay quien te resista?» (2 Crónicas 20:6).

El Renacimiento fue un movimiento cultural del siglo quince que tuvo lugar en Europa Occidental. El término hace referencia a una época de renovación del conocimiento y el progreso. Coincidió con grandes descubrimientos, como el de América por parte de Cristóbal Colón y la expedición alrededor del mundo que llevó a cabo Fernando de Magallanes.

A partir de allí, y sumado a otros factores, la figura del hombre comenzó a ser exaltada y admirada sobremanera. La música, la pintura y el arte en general fueron influenciados por esta tendencia. Todo esto derivó en una forma de culto que magnificaba la belleza del hombre y lo hacía parecer excepcional, como elevándolo a la categoría de «deidad».

Y aunque había obras, retratos y pinturas con algunas connotaciones religiosas, las mismas no destacaban a Dios como el centro de su adoración. Hasta ese momento el enfoque del hombre solo se había centrado en Dios, pero después de tantos logros y éxitos, el propio ser humano pasó a ser el centro de inspiración.

Digo esto porque esa misma admiración por el hombre es la que predomina hoy en día, llevándolo a creerse todopoderoso y autosuficiente, sin necesidad de la ayuda divina para lograr todo lo que se propone. (Y en el mejor de los casos Dios es un recurso más, entre otros, para alcanzar el éxito.)

La generación en la que vivimos evidencia una forma de renacimiento moderno. Yo lo llamaría un nuevo renacimiento. Con la diferencia de que no endiosa al hombre por su belleza, sino más bien por su conocimiento, por todos los avances de la tecnología y los adelantos logrados en la ciencia. Como ya lo había anticipado el profeta Daniel cuando hablaba acerca del final de los tiempos: «Muchos correrán de aquí para allá, y la ciencia se aumentará» (Daniel 12:4).

Las bondades de la tecnología y los avances de la ciencia han hecho de los creyentes sus esclavos.

En la actualidad parece que las personas invocaran a Dios en medio de las calamidades solo como un último recurso, algo que sin lugar a dudas debe ser propio de aquellos que no conocen a Dios, no de los creyentes.

Es como el caso de aquella mujer con flujo de sangre, que luego de haber gastado todo su dinero, su tiempo y aun sus fuerzas, decidió correr para tocar el manto de Jesús (Marcos 5).

Y en cierta medida, esta es la realidad de muchos en la iglesia hoy. Nos hemos convertido en expertos en crear soluciones humanas a problemas espirituales. A tal extremo que hoy en día tenemos más seminarios que instruyen acerca de la libertad financiera que sobre el principio de los diezmos y las ofrendas. Hay congresos relacionados con la autosuperación, y nada con respecto a la oración intercesora. Hemos adulterado la Palabra con conceptos sicológicos, saturados de humanismos, e incluso hemos llegado a adoptar como normas de sabiduría nociones seculares que no tienen ningún poder para combatir las tinieblas.

Muchas veces digo que la razón por la cual Dios envió codornices para que el pueblo se alimentara en el desierto fue precisamente porque no había un mercado que supliera. El Mar Rojo se abrió porque Moisés no contaba con ingenieros ni arquitectos a fin de construir puentes. Del mismo modo, la serpiente tuvo que ser levantada para que el pueblo sanara debido a que no había clínicas ni hospitales.

Es el sentido de independencia el que aleja a los hombres de Dios y los hace vivir ajenos a él. Se trata de una inclinación inherente a todos los seres humanos. Y aun los cristianos somos tentados a tomar decisiones, enfrentar los problemas y vivir nuestras vidas sin el respaldo y la influencia de Dios.

¿Quién no ha escuchado las fatídicas historias de los hombres y mujeres que insinuaron que no había necesidad de Dios? El constructor del Titanic declaró su famosa frase: «Ni siquiera Dios puede hundir este barco». Marylin Monroe afirmó: «No necesito a Dios». John Lennon, refiriéndose a los Beatles, sentenció: «Somos más populares que Jesús». Y como ellos muchas personas más. Aunque la veracidad de algunas de estas frases ha sido cuestionada, el estilo de vida de estos y otros famosos evidencia que no deseaban a Dios en su vida, ni mucho menos lo necesitaban.

Desde la época del Renacimiento, la era de los descubrimientos que tuvo lugar en el siglo quince, hasta hoy, el hombre ha crecido en capacidad y habilidades para mejorar su existencia. Es por eso que debemos resistirnos a la autosuficiencia, sobre todo cuando estamos en medio de circunstancias adversas.

El rey Josafat clamó: «¡Oh Dios nuestro! ¿no los juzgarás tú? Porque en nosotros no hay fuerza contra tan grande multitud que viene contra nosotros; no sabemos qué hacer, y a ti volvemos nuestros ojos» (2 Crónicas 20:12). La adversidad llegó ante ellos y el rey reconoció y confesó que no era capaz de hacerles frente a sus enemigos. Que necesitaba la intervención divina. Que dependía de Dios. Cuando reconocemos nuestras limitaciones y rechazamos la autosuficiencia, será más fácil depender de Dios.

La dependencia de Dios ha sido uno de sus mayores deseos para su creación. Es por eso que a pesar de

> **Cuando reconocemos nuestras limitaciones y rechazamos la autosuficiencia, será más fácil depender de Dios.**

que nos entrega todos los elementos naturales para cultivar, si él no hace descender su lluvia, no pudiéramos cosechar.

Mientras el pueblo de Israel permaneció en el desierto, el Señor le enseñó a experimentar una dependencia continua, pues ellos necesitaban salir a diario a recoger el maná para alimentarse (Éxodo 16). ¿Acaso no hubiera podido Dios proveer otro medio de alimentación que no los obligara a tener que acudir a él cada día? Creo que sí. No obstante, el Señor deseaba la devoción, el afecto y la dependencia de su pueblo, que lo buscaran a diario como la fuente de su sustento.

A esto se refiere Jesús cuando afirma: «No sólo de pan vivirá el hombre, sino de toda palabra que sale de la boca de Dios» (Mateo 4:4). Es como si el Señor nos quisiera decir: «Busca de mí como buscas el pan diario».

Depender es confiar

La actividad, el esfuerzo, la ocupación y la diligencia son todos conceptos que la Biblia valora, pues se derivan de Dios, que trabaja sin descanso (Juan 5:17).

Sin embargo, a veces pensamos que todo lo que tenemos y todo lo que hemos alcanzado ha sido un fruto exclusivo de nuestro trabajo y diligencia. Y eso crea la sensación de que somos muy capaces y siempre podremos hacer todo por nosotros mismos. Nos aterra la idea de quedarnos quietos o esperar «sin hacer nada».

Hemos aprendido a confiar en nuestras fuerzas y los métodos humanos, y por eso la dependencia de Dios se vuelve algo muy vago y superficial. Decimos con la boca que confiamos, pero nuestro corazón dista mucho de sentirlo.

Y que se entienda que confiar no es una invitación a la negligencia y la irresponsabilidad, sino más bien un llamado a esperar genuinamente en Dios, que tiene el poder de hacer lo que nosotros no podemos, y sabe lo que se precisa hacer cuando nosotros no lo sabemos.

«A ti volvemos nuestros ojos» (2 Crónicas 20:12), afirmó el rey Josafat. La decisión estaba tomada. En verdad él era un guerrero, tenía un ejército y contaba con una vasta experiencia en batallas como esta. Sin embargo, reconoció su incapacidad. Miró a Dios como quien busca compasión y ayuda. Decidió poner su confianza en Jehová.

Así debemos mirar a Dios. Cuando los problemas lleguen, no nos creamos fuertes por nosotros mismos. Reconozcamos nuestra debilidad y dependamos de Dios, pues al final él nos dará la victoria que anhelamos, del mismo modo que se la otorgó a Josafat.

No es bueno que el hombre esté solo

De acuerdo a la Biblia, Lucero fue un ángel creado por el mismo Dios, con atributos que ningún otro ser tenía (Isaías 14). No obstante, el orgullo llevó a esta criatura a pensar que podía ser semejante a su creador y como consecuencia autosuficiente. El atrevimiento fue tal que se dijo en su corazón: «Junto a las estrellas de Dios, levantaré mi trono, y en el monte del testimonio me sentaré, a los lados del norte; sobre las alturas de las nubes subiré, y seré semejante al Altísimo» (Isaías 14:13-14). Por tal motivo, fue echado de la presencia de Dios.

Si hay algo que el enemigo buscará hacer, es sembrar la semilla de la independencia. Esa que le hace pensar al hombre todo el tiempo que no necesita a Dios, que sin su ayuda él también puede progresar.

Sin embargo, esa nunca fue la intención del Señor. El hombre

> **El hombre necesita ayuda y es un ser dependiente, principalmente de Dios.**

necesita ayuda y es un ser dependiente, principalmente de Dios. Desde que Adán estaba en el huerto del Edén, el relato bíblico revela que Dios mismo dijo: «No es bueno que el hombre esté solo; le haré ayuda idónea para él» (Génesis 2:18). Por eso, la presencia de Eva, que representa la ayuda terrenal para el hombre, es una muestra de lo frágil e incapaces que somos cuando estamos solos.

Es ese «espíritu de independencia» lo que no les permite a los creyentes buscar ayuda en momentos de adversidad. Es lo que nos impide humillarnos y reconocer que necesitamos a Dios. La autosuficiencia ha llevado a muchos cristianos a deambular solos por la vida, batallar sin ayuda y sucumbir en soledad en medio de los problemas. Jesús le dijo a Pedro: «De cierto, de cierto te digo: Cuando eras más joven, te ceñías, e ibas a donde querías; mas cuando ya seas viejo, extenderás tus manos, y te ceñirá otro, y te llevará a donde no quieras» (Juan 21:18).

El Señor le estaba hablando al apóstol no solo de una manera profética, prediciendo su futuro, sino también le mostraba un principio de extrema importancia: La inmadurez espiritual se caracteriza por la autosuficiencia, la independencia, el acto de ceñirse e ir a donde deseemos. Desde luego, esto se corresponde con el comportamiento de Pedro durante sus primeros pasos con el Señor. ¿Cuántas veces Pedro habló cuando no debió hacerlo? ¿Cuántas veces se adelantó cuando debió medir sus pasos? Incluso desenvainó su espada cuando debió mantenerse quieto. Hasta llegar al punto de ser manipulado por el mismo enemigo, el «precursor de la autonomía» del hombre (Génesis 3), tratando de detener al Señor en su camino al calvario, por lo cual fue reprendido duramente. Sin embargo, él continuó su proceso de madurez hasta alcanzar un punto que lo llevó a una total dependencia de Dios.

Asimismo, cuando el Señor le dice: «Otro te llevará aun a donde no quieres», está usando una imagen para referirse a su martirio, pues la confianza y la dependencia en Dios de Pedro, así como de cada cristiano, llega a ser tan profunda, que somos capaces de confiar hasta la misma muerte.

TEN PAZ

«No habrá para qué peleéis vosotros en este caso; paraos, estad quietos, y ved la salvación de Jehová con vosotros» (2 Crónicas 20:17).

Una de las situaciones más difíciles que recuerdo haber atravesado durante mi niñez tuvo lugar la noche en que una de mis pequeñas hermanas contrajo un tipo de bacteria que elevó su temperatura a tal extremo que comenzó a convulsionar. Jamás olvidaré que en el momento de descubrir lo que estaba pasando, los adultos que se encontraban en mi casa se desesperaron, al punto de que todo se volvió un caos y no podían encontrar una solución. Como niño, permanecía pasmado en un rincón, mirándolos correr de un lado a otro sin saber qué hacer. Y no los culpo, pues la situación era de extrema urgencia.

De repente, mi tía Cecilia respiró profundo y literalmente controló sus emociones, caminando como si fuera una heroína hasta tomar a mi hermana en sus brazos y dejar atrás a todos los que tropezaban sin sentido. Entonces ella se dirigió a la casa de nuestro vecino, el doctor Mojica, quien rápidamente tomó control de la situación y salvó la vida de mi hermana.

Esto es justo lo que Josafat propone cuando dice: «Estad quietos».

¿Es la quietud producida por factores externos o estímulos internos?

De acuerdo a la Palabra de Dios, somos dueños de nuestras emociones. A esto se refería el salmista cuando exhortó al pueblo en nombre de Dios diciendo: «Estad quietos, y conoced que yo soy Dios» (Salmo 46:10). Él parece haber estado en medio de situaciones adversas cuando escribió estos versos, de modo que cuando leemos todo el capítulo percibimos la idea de bramido de aguas, la tierra moviéndose y guerras, pero del mismo modo hace énfasis en Dios como nuestro amparo, nuestra fortaleza y nuestro pronto auxilio (Salmo 46:1).

En Romanos 14:18 se nos exhorta a seguir todo aquello que contribuya a la paz. Esto quiere decir que hay elementos que nos ayudan a permanecer ecuánimes ante toda circunstancia adversa. Algunos de ellos se describen en Filipenses 4. Y aunque he mencionado varios con anterioridad, voy a enfatizarlos de nuevo.

El primero es la actitud, pues el apóstol nos invita diciendo: «Regocijaos» (Filipenses 4:4). El segundo es la persistencia en la oración, por lo que se nos llama a presentar nuestras «peticiones delante de Dios en toda oración y ruego» a fin de recibir «la paz de Dios, que sobrepasa todo entendimiento» (Filipenses 4:6-7).

El tercer elemento, y creo que uno de los más importantes, es el uso de nuestra mente, pues se nos exhorta: «En esto pensad» (Filipenses 4:8), demostrándonos así que tenemos potestad sobre nuestra mente a fin de dirigir nuestros pensamientos.

En este punto es bueno señalar que existen dos tipos de pensamientos básicos. Por una parte está el pensamiento involuntario, que es el proceso autónomo de nuestro cerebro ejerciendo su función para definir y entender las circunstancias y retos que afrontamos. Una función que resulta muy difícil de controlar. Por otra parte, también existen los pensamientos voluntarios. Estos son los que podemos provocar como un acto de nuestra voluntad a fin de llenar nuestra mente con imágenes que van a contribuir a producir emociones sanas.

¿Cuántas veces hemos visto en las películas a los psiquiatras ordenarles a sus pacientes que cierren sus ojos y piensen en cosas positivas? En el instante en que los pacientes llevan a cabo este ejercicio, podemos ver cómo sus rostros cambian y cierto nivel de placer se refleja en sus semblantes. Y aunque sabemos que las películas simplifican los procesos complicados a fin de convertir la realidad en algo que proporcione entretenimiento, esto es precisamente lo que el apóstol Pablo enseñaba: «Por lo demás, hermanos, todo lo que es verdadero, todo lo honesto, todo lo justo, todo lo puro, todo lo amable, todo lo que es de buen nombre; si hay virtud alguna, si algo digno de alabanza, en esto pensad» (Filipenses 4:8).

En Efesios 6, el apóstol Pablo también habla del conflicto que la iglesia estaba enfrentando. Y allí nos ordena hacer uso de toda la armadura de Dios, mencionando cada una de sus partes y su significado (Efesios 6:10-18). Cuando se refiere al «yelmo», es decir, al casco que protege nuestra cabeza (el lugar donde se producen nuestros pensamientos, se encuentra la razón, se originan nuestras emociones y por ende nos motiva a sentir ansiedad o paz), lo describe como «el yelmo de salvación» (Efesios 6:17). Y resulta muy interesante que la palabra salvación, la cual se deriva del término original griego *zoe*, literalmente signifique «rescate, seguridad, salud y liberación».

Esto quiere decir que nuestra mente está protegida cuando voluntariamente producimos pensamientos como estos. Así que en un momento de opresión, piensa en el rescate del Señor. En un momento de peligro, piensa en su seguridad. En momentos de enfermedad, piensa en la salud. En momentos de opresión, piensa en la liberación.

Y esos pensamientos provocarán una paz de la cual se dice que sobrepasa todo entendimiento. Esto significa que aunque la parte racional de tu cerebro te hable de la dificultad, la paz que estás experimentando te habla de la seguridad que tienes en Dios.

Un famoso psiquiatra francés, el Dr. Dubois, realizó experimentos muy interesantes que luego compartió en una revista. Uno de ellos se relacionaba con el efecto que el estrés producía en los individuos. Recuerdo haber leído cómo él había tomado varios ratones de laboratorio y los colocó en una impenetrable cúpula de vidrio. En el exterior, le permitió a un gato rondar por los alrededores. Luego de unos cuantos intentos fallidos del gato por penetrar el lugar donde se hallaban los ratones, ellos debieron haberse convencido de que estaban a salvo. Sin embargo, a pesar del fracaso del gato, la salud mental y emocional de los ratones se iba deteriorando hasta que morían de ansiedad, sin que el felino los pudiera tocar. Esto es exactamente lo que muchas veces el enemigo hace cuando no permitimos que el conocimiento de la Palabra gobierne nuestros pensamientos y nuestras emociones.

Incluso la ciencia médica moderna ha podido comprobar lo que encontramos en el libro de Filipenses. Es un hecho científico que pensar positivamente tiene efectos beneficiosos tales como un eficiente sistema inmunológico, un riesgo menor de enfermedades cardiovasculares y un menor nivel de propensión hacia el estrés.

Es imposible «divorciar» la paz que Josafat sentía en medio de este conflicto de los pensamientos que expresó. En otras palabras, tus pensamientos determinarán muchos de tus sentimientos. Y si es paz lo que necesitas en medio de la tormenta, deberás tomar control de ellos.

Recuerdo cuando hace unos años un avión de US Airways tuvo que aterrizar de emergencia en el río Hudson, en Nueva York. Una de las cosas que más me sorprendió fue la increíble calma que evidenció el capitán Chesley Sullenberger, piloto del avión, quien luego fue bautizado como «el héroe del Hudson». Las conversaciones que el capitán mantuvo con la torre de control quedaron grabadas y luego se retransmitieron para el público. La paz y la serenidad que mostró fueron esenciales para el desenlace de este incidente, que pudo haber terminado en tragedia.

Ten por seguro que Dios nos dará un nuevo edificio

Recuerdo que en el año 2002, antes de mudarnos a nuestro actual edificio, nuestros cultos estaban abarrotados de personas. Un día, el jefe de los bomberos nos hizo una visita y nos dijo que ya no podíamos celebrar más nuestros servicios, pues la cantidad de personas que ingresaban excedía el máximo permitido por la ciudad. La decisión nos ponía en una situación muy difícil, pues en ese momento nuestra congregación contaba con casi mil personas y era complicado encontrar un lugar con esa capacidad en solo tres días para nuestro próximo servicio.

Me acuerdo que en el momento de recibir la noticia me encontraba en Barcelona, España, predicando en un congreso de pastores. Por un segundo sentí la necesidad de alarmarme, pero luego tomé el control absoluto de mis emociones, creyendo con todo el corazón y pensando que todo saldría bien. En ese instante empecé a sentir una paz sobrenatural, a tal punto que mirando a los ojos a mi sobrino le dije: «Ten por seguro que Dios nos dará un nuevo edificio». Todavía hoy en día mi sobrino Normandy, que es ministro del Señor, considera esta declaración como una de las más inspiradoras para su fe.

¿Era esta una de las más grande derrotas de mi ministerio? ¿O se trataba del preludio divino de una de nuestras más grandes victorias hasta entonces?

En efecto, al día siguiente comencé a conducir por el área y llegué a un edifico que estaba totalmente preparado. Las dimensiones de este nuevo local eran cinco veces más grandes que las del templo que nos acababan de cerrar. Al hablar con los dueños, descubrimos una serie de obstáculos, entre ellos el factor económico, los cuales en lo natural nos impedían obtener el lugar. Sin embargo, Dios en su poder y misericordia nos lo entregó, así que de una manera sobrenatural ocupamos el edificio, lo ampliamos y remodelamos, y pudimos celebrar nuestro servicio ese mismo fin de semana. No obstante, todo comenzó con una decisión de conservar la paz, de no desesperarme y mantener la calma.

Tenemos que «estar quietos» y no perder la cabeza en medio de las pruebas. Debemos ejercer el dominio propio, asumiendo el control de nuestros pensamientos

> **Tenemos que «estar quietos» y no perder la cabeza en medio de las pruebas.**

y nuestras emociones. El resultado de esta actitud será la paz que tanto necesitamos en la adversidad.

AVANZA

«Mañana descenderéis contra ellos» (2 Crónicas 20:16).

Resulta extremadamente interesante que después de una de las revelaciones más alentadoras que puedan aparecer en las Escrituras, como lo es la afirmación: «No es vuestra la guerra, sino de Dios» (2 Crónicas 20:15), las próximas cuatro palabras sean casi desconcertantes, ya que anuncian: «Mañana descenderéis contra ellos». Esto parece una total contradicción. Si la guerra era de Dios y no había necesidad de pelear, como el sacerdote Jahaziel lo había revelado, ¿cuál era la necesidad de salir a enfrentar al enemigo? Para entenderlo mejor debemos considerar el asunto a la luz de la idea de «Señor y siervo», expresada muchas veces en la Biblia. Nosotros los seres humanos somos los siervos de Dios, y por ende instrumentos por medio de los cuales él obra en la tierra. Es por eso que en el Nuevo Testamento se nos llama colaboradores de Dios (1 Corintios 3:9), pues su deseo siempre ha sido trabajar con y a través de nosotros.

En los Evangelios vemos a un Jesús tan poderoso como para levantar a Lázaro de los muertos cuando su cuerpo estaba ya hediendo, sin embargo, les ordena a los hombres remover la piedra y luego desatar sus ligaduras (Juan 11).

Y este es un concepto que está presente incluso desde los comienzos en el huerto del Edén, cuando Dios crea y el hombre obra en la creación.

A través de los años han existido dos corrientes principales en el desarrollo de la iglesia. El calvinismo y el arminianismo. Una tendencia hace referencia a la obra del hombre y la otra a la obra de Dios. Sin embargo, ambas están correctas, pues Dios desea obrar a través de su creación, para lo cual muchas veces tiene que sacarnos de nuestra zona de confort por medio de los momentos de conflicto, ya que la tendencia humana en los tiempos difíciles es escondernos o refugiarnos.

Tal fue el caso del profeta Elías, a quien Dios mismo tuvo que ir a buscar a la cueva donde se había escondido, ordenándole que saliera y afrontara la situación. Resulta interesante notar que hasta que Elías no le diera la cara a Acab, que lo andaba buscando para destruirlo, Dios no daría una solución al conflicto que tenía su generación.

De la misma manera, Moisés tuvo que presentarse delante del Faraón que años antes buscaba destruirlo y comunicarle la palabra y el plan de Dios. Y cuando el pueblo de Israel se encontraba frente a las aguas del Mar Rojo, el Señor le habló desde el cielo diciendo: «Di a los hijos de Israel que marchen» (Éxodo 14:15).

El rey Salomón afirmaba: «Huye el impío sin que nadie lo persiga; mas el justo está confiado como un león» (Proverbios 28:1). La mentalidad escapista es un rasgo de nuestra vieja naturaleza.

Así mismo, el apóstol Pablo le enseñó a su discípulo: «No nos ha dado Dios espíritu de cobardía, sino de poder, de amor y de dominio propio» (2 Timoteo 1:7).

Y esto era exactamente lo que se demandaba de Josafat al encontrarse con un ejército que lo superaba en todos los aspectos.

De acuerdo a Eclesiastés 3, hay un tiempo de paz, para detenerse y esperar. Sin embargo, hay también un tiempo de marchar a la guerra, moverse en fe, darle un par de piernas a nuestra oración y alas a nuestros sueños, así como movimiento a nuestros anhelos.

Habrá momentos en medio de los conflictos cuando ni siquiera podremos actuar de una forma lógica. No obstante, todo movimiento produce energía, por lo tanto, es mejor que permanecer postrados. Una vez le escuché decir a una persona: «Es más fácil mover el volante de un vehículo en movimiento que hacerlo cuando está estacionado». Y esto es una gran verdad. Hay veces que es mejor salir y avanzar, y en ese movimiento Dios puede enderezar nuestros pasos. A esto se refería Salomón cuando dijo: «Reconócelo en todos tus caminos, y él enderezará tus veredas» (Proverbios 3:6).

Este era también el criterio del fallecido presidente de los Estados Unidos, John F. Kennedy, quien solía decir: «Prefiero fallar haciendo algo, que fallar en no hacer nada».

> **Hay veces que es mejor salir y avanzar, y en ese movimiento Dios puede enderezar nuestros pasos.**

Veamos este principio ilustrado en el Antiguo Testamento. Se dice que en los días de Eliseo «había a la entrada de la puerta cuatro hombres leprosos, los cuales dijeron el uno al otro: ¿Para qué nos estamos aquí hasta que muramos? Si tratáremos de entrar en la ciudad, por el hambre que hay en la ciudad moriremos en ella; y si nos quedamos aquí, también moriremos. Vamos, pues, ahora, y pasemos al campamento de los sirios; si ellos nos dieren la vida, viviremos; y si nos dieren la muerte, moriremos. Se levantaron, pues, al anochecer, para ir al campamento de los sirios; y llegando a la entrada del campamento de los sirios, no había allí nadie. Porque Jehová había hecho que en el campamento de los sirios se oyese estruendo de carros, ruido de caballos, y estrépito de gran ejército; y se dijeron unos a otros: He aquí, el rey de Israel ha tomado a sueldo contra nosotros a los reyes de los heteos y a los reyes de los egipcios, para que vengan contra nosotros. Y así se levantaron y huyeron al anochecer, abandonando sus tiendas, sus caballos, sus asnos, y el campamento como estaba; y habían huido para salvar sus vidas. Cuando los leprosos llegaron a la entrada del campamento, entraron en una tienda y comieron y bebieron, y tomaron de allí plata y oro y vestidos, y fueron y lo escondieron; y vueltos, entraron en otra tienda, y de allí también tomaron, y fueron y lo escondieron» (2 Reyes 7:3-8).

Lo primero que debemos destacar en este poderoso pasaje bíblico es que en ese momento de conflicto estos hombres no disponían en lo absoluto de un plan lógico. Lo único que tenían era un sentir de que al moverse generarían mayores probabilidades para salir de su precaria condición.

Es importante recalcar también que no habían escuchado la voz audible de Dios, carecían de promesas y dirección divina, y en lo natural estaban desprovistos de armas y la fuerza física para enfrentar al enemigo. Sin embargo, en el instante en que se pusieron en marcha, Dios reveló su plan y su poder a favor de ellos.

El gran Smith Wigglesworth afirmaba: «Hay momentos en que comienzo a actuar en la carne y termino en el espíritu», haciendo alusión a su controversial, pero poderosa forma de ministrar milagros de sanidad. Con esto quería dar a entender que una acción física puede desatar la poderosa mano de Dios.

Recuerdo que cuando era un estudiante en el Instituto Bíblico Cristo para las Naciones, fui invitado a compartirles la Palabra a los estudiantes hispanos. Ellos eran mis compañeros que venían de todas partes de Latinoamérica. Algunos poseían mucha más experiencia ministerial que yo, pues ya habían ejercido como pastores, evangelistas y misioneros, estando allí a fin de prepararse todavía más para continuar su ministerio.

Puedo acordarme de cuán honrado me sentí por esta invitación y cuán horrible fue mi desilusión, porque al llegar el día señalado, me vi agobiado por una fuerte fiebre que demandaba que cancelara mi participación en la reunión. Sin embargo, mientras estaba en la cama y me disponía a pedirle a mi esposa que llamara, escuche la voz de Dios que me dijo que me levantara, me vistiera y fuera al lugar del evento. En obediencia a lo que entendí era la voz de Dios, hice exactamente como me ordenó. Y debido a que la reunión era en el mismo local del instituto, decidí ir caminando.

Sentía que era como un soldado que estaba marchando a la guerra, literalmente. Con cada paso mi cuerpo me dolía, tiritaba por los escalofríos. Mi mente me pedía volver a la cama, pero persistí en avanzar. Recuerdo que cuando pude distinguir a la distancia la capilla de la librería donde se celebraría la reunión, algo sobrenatural le sucedió a mi cuerpo. De repente todo el malestar se fue, la fiebre desapareció y una fuerza sobrenatural me invadió. Esa misma noche compartí la Palabra con devoción y pude testificarles a los estudiantes lo que hoy, muchos años atrás, he podido comprobar en mi vida y ministerio una y otra vez. Y es que si el líder es la cabeza, entonces tendrá que dar la cara.

En este mismo sentido la Biblia nos exhorta: «Cuando anduvieres, no se estrecharán tus pasos, y si corrieres, no tropezarás» (Proverbios 4:12). Esta es una promesa aplicable a todo el que se atreva a caminar incluso cuando no sepa exactamente dónde terminaran sus pasos, pero con la total confianza de que Dios está en control. Nuestra generación ha dado a luz a grandes millonarios que han sido denominados los millonarios «puntocom» («dotcom» en inglés), ya que han acumulado su fortuna debido a sus incursiones en el mundo virtual. Empresas tales como Napster, Craigslist, Facebook, YouTube, Twitter y otras comenzaron como proyectos que nunca se imaginó llegarían a ser lo que son hoy. Sin embargo, al poner en marcha una acción, incluso sin tener muy claro su desenlace, han experimentado el éxito.

¿Qué tal si nosotros aplicáramos este concepto, que es bíblico, y en los momentos de conflicto, aunque no tuviéramos muy claro nuestro curso de acción, de todas manera pusiéramos en práctica lo poco o lo mucho que sabemos? Sin duda alguna hay una probabilidad de que nuestras acciones lograrán, si no la resolución total, por lo menos una contribución a ella.

Así que anímate, levántate y enfrenta la adversidad. Da la cara y marcha hacia adelante. No te dejes intimidar por los problemas. Recuerda que la guerra no es tuya, sino de Jehová. Él es un poderoso guerrero que no ha perdido ninguna batalla.

CONFÍA EN LAS ESTRATEGIAS DIVINAS

«Y habido consejo con el pueblo, puso a algunos que cantasen y alabasen a Jehová, vestidos de ornamentos sagrados, mientras salía la gente armada» (2 Crónicas 20:21).

Resulta muy interesante que los más grandes conflictos en las Escrituras hayan sido resueltos por medio de lo que pudieran considerarse estrategias absurdas. Y el pasaje bíblico que estamos estudiando en este libro no es una excepción ni deja de corresponderse con esta idea.

En nuestra historia, los guerreros del pueblo y sus armamentos debían ir detrás por mandato divino, mientras que los cantores y músicos, y sobre todo los sacerdotes, debían marchar al frente. Desde el punto de vista humano, esto resulta absurdo. No obstante, desde la óptica divina, tal estrategia era necesaria para que este conflicto resultara en un testimonio más del poder de nuestro Dios.

Habrá momentos en la vida del creyente en que Dios colocará ideas en su mente o visiones en su corazón que desafían el intelecto humano. En esos instantes es importante recordar lo que el apóstol Pablo enseñaba: «Pero el hombre natural no percibe las cosas que son del Espíritu de Dios, porque para él son locura, y no las puede entender, porque se han de discernir espiritualmente. En cambio el espiritual juzga todas las cosas; pero él no es juzgado de nadie. Porque ¿quién conoció la mente del Señor? ¿Quién le instruirá? Mas nosotros tenemos la mente de Cristo» (1 Corintios 2:14-16).

La mente de Cristo es la mente del nuevo hombre. Es la conciencia espiritual y el entendimiento que vienen por la fe, que siempre son y serán rechazados por nuestra carne. Nuestra vieja naturaleza trata desesperadamente de procesar el infinito poder de Dios con una mente finita y carnal, produciendo así las dudas que muchas veces paralizan nuestra fe.

Cuando el pueblo de Israel se preparaba para enfrentar al ejercito de los madianitas, la dirección que recibieron a través de Gedeón fue tocar la trompeta y quebrar los cántaros que llevaban en sus manos (Jueces 7:19).

Esto pudo haberse considerado como una misión suicida, en especial porque fue antecedida por la reducción del ejército de Gedeón a trescientos hombres. Sin embargo, Gedeón fue capaz no de entender la acción de romper los cántaros, sino más bien de discernirla espiritualmente.

Considero que esta es una de las claves principales para actuar cuando algo resulta ilógico: No usemos la razón, sino más bien el corazón, ya que la fe siempre se sobrepone a la razón.

Con anterioridad, cuando Israel se disponía a conquistar la tierra prometida, vemos otra estrategia militar absurda (Josué 6). Ellos debían rodear la ciudad amurallada más poderosa que existía en ese entonces, Jericó. Así que el plan no solo era ilógico, sino extremadamente peligroso. No obstante, para el hombre y la mujer de Dios, aquellas cosas que no tienen sentido en nuestra cabeza, la tienen en nuestro espíritu.

Además, en la muralla de Jericó vivía una mujer llamada Rahab, quien había ayudado a los espías israelitas con anterioridad (Josué 2). Así que cuando fue anunciada la invasión israelita que sería precedida por el derrumbamiento de los muros, ella recibe la instrucción de permanecer en su casa junto a su familia, con la extraña orden de colgar un cordón de grana junto a la ventana. Esta sería su única seguridad en medio de la horrenda destrucción que estaba a punto de suceder. Si esto nos parece ridículamente absurdo a nosotros, que no solo conocemos el final de la historia, sino que creemos en el poder de nuestro Dios, imagínate cuál fue el sentir de esta mujer que nunca había ido a una iglesia, no tenía una Biblia ni nunca escuchó sermones, sino que sencillamente se atrevió a confiar en lo ilógico y absurdo.

Meditemos por un momento en la multiplicación de los panes y los peces que se describe en el Evangelio de Juan. Coloquémonos en el lugar de aquel joven al que, a pesar de hallarse en un sitio desértico y apartado, se le pide entregar su comida para alimentar a una multitud (Juan 6). ¡Cuán irracional debió parecerle esto! Y debemos tener en mente que muchas de las personas que estaban presentes allí no conocían a Jesús por largo tiempo. Mucho menos entendían su deidad o poder. No obstante, tomaron la decisión de confiar en una estrategia ilógica que traería la solución esperada a sus conflictos.

Habrá momentos en que al igual que a nuestro Señor Jesús e incluso a sus discípulos se nos mire como si estuviéramos locos. Sin embargo, he dicho muchas veces a lo largo de mi ministerio que prefiero ser un tonto delante de los hombres, pero no un tonto delante de Dios.

Creo que obedecer a Dios es más valioso que nuestra reputación, y por eso debemos estar dispuestos a actuar en obediencia ante cosas que desafían los parámetros y el orden establecidos.

Entrega lo que tienes en la cuenta

A medida que nuestra iglesia crecía, teníamos que ir buscando lugares donde acomodar mejor a las personas para los servicios. Uno de estos lugares era un salón de Walter C. Young, una escuela primaria localizada en la ciudad de Pembroke Pines, en el sur de la Florida. Al cabo de un tiempo, cuando el local nos quedó pequeño, encontramos otro que estaba disponible para la renta. La propiedad se ajustaba a nuestras necesidades básicas como iglesia, pues contaba con los baños necesarios, una oficina, un par de habitaciones para niños y un amplio estacionamiento. Y lo mejor de todo era que se encontraba en un lugar estratégico, pues las personas que visitaban nuestra iglesia vivían por la zona.

Sin embargo, surgió un inconveniente. El tiempo apremiaba y no teníamos el dinero necesario que requerían para rentar el lugar. Los dueños nos pedían nueve mil dólares de adelanto para reservarlo y a la larga firmar el contrato.

Recuerdo que esa semana convoqué a una reunión de oración y ayuno, y terminamos orando con algunos hermanos ese sábado por la mañana en la iglesia. Me encontraba en pleno clamor, cuando escuché una voz audible que me decía: «Ruddy, entrega los nueve mil dólares que tienes en la cuenta». Mi primera reacción fue decir: «Te reprendo diablo». No obstante, luego la voz se hizo más clara y me repetía: «Ruddy, entrega los nueve mil dólares que tienes en la cuenta». A pesar de mis sospechas de que era el mismo Dios quien me estaba motivando, no me sentía muy conforme con esa orden, ya que mi esposa y yo habíamos ahorrado ese dinero durante los últimos tres años con el objetivo de comprarnos nuestro primer vehículo grande para la familia.

Era completamente ilógico. ¿Por qué el Dios dueño del oro y la plata demandaría de su siervo lo que tanto trabajo le había costado ahorrar? En ese momento tal mandato representó un reto muy grande para mí, no solo porque debía entregar lo que tenía, sino porque consideraba que era algo absurdo hasta cierto punto.

Me sentía triste y disgustado a la vez. Cuando llegué ese día a casa, mi esposa abrió la puerta y noté en su rostro que había estado llorando. Sin duda algo le sucedía. Ella me dijo que había estado orando y que Dios acababa de hablarle: «Entreguen los nueve mil dólares que tienen en la cuenta para rentar ese local», le dijo.

Ya no cabían dudas. Resultaba evidente que Dios nos estaba pidiendo dar ese paso de fe y así poder rentar el local. Fue un sacrificio muy grande, pues ese dinero era todo lo que teníamos. Cuando rentamos la propiedad, nadie en la congregación supo cómo habíamos conseguido los nueve mil dólares, pues mi esposa y yo preferimos no comentarlo ni hablar del tema.

Al cabo de unas tres semanas, ya en nuestras nuevas instalaciones, me encontraba en mi oficina y de pronto entraron unos hermanos. Habían venido a visitarme porque querían conversar conmigo. Ellos me dijeron que habían recibido órdenes de Dios de entregarme un dinero a fin de que pudiera comprar un vehículo para la familia. Cuando me entregaron el sobre, noté que la cantidad ascendía a dieciocho mil dólares. Ese día entendimos que había un poder de lo alto que se desataba a través de la obediencia a las insólitas estrategias divinas.

MIRA HACIA EL FIN

«Y ved la salvación de Jehová con vosotros» (2 Crónicas 20:17).

¿Qué estaba haciendo este hombre de Dios cuando le dice al pueblo: «Ved la salvación de Jehová con vosotros»?

Lo que Josafat estaba haciendo era mirar al final del conflicto, evadiendo abrumarse por las circunstancias presentes. En todo conflicto resulta importante entender que todo proceso tiene un final. Y eso es la adversidad, un proceso en un lapso de tiempo con una fecha de expiración.

Hace mucho tiempo leí una historia de un rey oriental que convocó a los sabios de la corte a una reunión. Cuando estaban reunidos, les dijo que había ordenado un anillo con un precioso diamante y les pidió escribir una pequeña frase en un papel para guardarla debajo de la piedra en el anillo. La frase debía contener un mensaje que lo ayudara en los momentos difíciles y de desesperación.

No obstante, componer un mensaje en tan pocas palabras resultó un gran desafío para estos sabios y eruditos, quienes luego de consultar y buscar en sus libros, no hallaron nada que pudiera satisfacer al rey.

En ausencia de alguien que pudiera darle al monarca una frase que lo ayudara en los tiempos difíciles, un viejo sirviente se le acercó. Este anciano, que también había servido al padre del rey, le dijo: «Tome este papel, dóblelo y escóndalo en su anillo. Ábralo cuando se encuentre en la situación más difícil y sienta que no puede hacer nada».

Entonces el rey lo leyó, y viendo que el mensaje solo decía: «Esto también pasará», se disgustó en gran manera y pensó que era una frase sin ningún objetivo, así que arrugó el papel en su mano y lo tiró al suelo de su carruaje.

Poco tiempo después, el reino se vio invadido y el rey perdió su trono, de modo que se dispuso a huir para salvar su vida mientras sus enemigos lo perseguían. Cuando llegó a un lugar sin salida, y mientras iba en el carruaje, observó desalentado el arrugado papel y lo leyó: «Esto también pasará».

Si la aflicción presente tiene un final, entonces es importante que nos enfoquemos en él.

Siempre he sido un fanático de las motocicletas y a lo largo de mi vida he tenido todo tipo de ellas. Incluso hoy pertenezco a un club llamado «Segamoto». Pues bien, recuerdo que cuando empecé a conducir motocicletas de carreras, el instructor nos decía que no podíamos fijar nuestros ojos en algo específico mientras íbamos a gran velocidad, ya que terminarías chocando con aquello en lo cual enfocaras la mirada. Esta verdad parece respaldar el principio bíblico aquí expuesto.

La Palabra nos dice: «Por la fe Moisés, hecho ya grande, rehusó llamarse hijo de la hija de Faraón, escogiendo antes ser maltratado con el pueblo de Dios, que gozar de los deleites temporales del pecado, teniendo por mayores riquezas el vituperio de Cristo que los tesoros de los egipcios; porque tenía puesta la mirada en el galardón. Por la fe dejó a Egipto, no temiendo la ira del rey; porque se sostuvo como viendo al Invisible» (Hebreos 11:24-27). Nótese que el verso 26 revela que «tenía puesta la mirada en el galardón». Esto habla de que a través de las circunstancias adversas por las que atravesaba, que eran numerosas, Moisés siempre miraba la recompensa final.

En el mismo libro leemos: «Por tanto, nosotros también, teniendo en derredor nuestro tan grande nube de testigos, despojémonos de todo peso y del pecado que nos asedia, y corramos con paciencia la carrera que tenemos por delante, puestos los ojos en Jesús, el autor y consumador de la fe, el cual por el gozo puesto delante de él sufrió la cruz, menospreciando el oprobio, y se sentó a la diestra del trono de Dios» (Hebreos 12:1-2). Aquí también se nos exhorta a correr la carrera con nuestros ojos puestos en el galardón, nuestro Señor Jesús, quien a su vez pudo sufrir la cruz y el oprobio por el «gozo puesto delante de él».

En estas escrituras podemos notar un común denominador: que nuestros ojos tienen que estar puesto en aquello que vendrá y no en lo que estamos sufriendo.

El apóstol Pablo afirmaba: «No que lo haya alcanzado ya, ni que ya sea perfecto; sino que prosigo, por ver si logro asir aquello para lo cual fui también asido por Cristo Jesús. Hermanos, yo mismo no pretendo haberlo ya alcanzado; pero una cosa hago: olvidando ciertamente lo que queda atrás, y extendiéndome a lo que está delante, prosigo a la meta, al premio del supremo llamamiento de Dios en Cristo Jesús» (Filipenses 3:12-14). En esta oportunidad el apóstol ilustra este poderoso principio. Sus ojos estaban fijos en la meta, en el premio que su fe en Cristo le había revelado.

Resulta interesante que en las carreras de galgos todos persigan a un conejo mecánico que va a toda velocidad delante de ellos. Esta presa representa el motivador de estos animales. Una vez pregunté si no sería mejor colocar a un león mecánico detrás de los sabuesos, y luego entendí que este es realmente el método que muchos predicadores usan para hacer mover al pueblo de Dios.

Movernos por temor y condenación nunca nos permitirá avanzar con efectividad. Sin embargo, cuando tenemos nuestra mirada puesta en la victoria final, nos mantenemos dando lo mejor de nosotros.

Es por eso que a través de la Biblia vemos a Dios siempre revelar el punto de partida y la culminación de una jornada, aunque nunca daba detalles de lo que ocurría entre un punto y otro. Lo vemos llamar a Abraham, revelándole de dónde saldría y cuál sería el lugar de su destino, pero nunca explicó las circunstancias adversas que le sobrevendrían.

Luego hace lo mismo con el pueblo de Israel, hablándoles de su deseo de sacarlos de Egipto y mostrándoles una imagen de su destino, la tierra prometida. Incluso cuando el pueblo se encontraba en esclavitud, Dios siempre enviaba a un profeta a declararle a la nación lo que acontecería con ellos cuando ese cautiverio fuera quebrantado.

De la misma manera el Señor desea que nuestros ojos estén fijos en la culminación de los conflictos, la victoria final y lo que estamos anhelando.

Cuando mi esposa y yo nos casamos, desde muy temprano en nuestro matrimonio ella sintió un deseo muy grande de tener niños. Recuerdo que a pesar de que aún no nos habíamos establecido en un lugar, pues estábamos en un tiempo de transición preparándonos para el ministerio, comenzamos a intentar tener a nuestros hijos. Sin embargo, pasados unos años, llegamos a la realización de que algo estaba mal, pues mi esposa todavía no lograba concebir. Luego de ver algunos médicos nos dijeron que nos sería imposible tener hijos.

Una de las cosas, entre muchas otras, que Dios nos motivó a hacer, fue recortar de una revista la foto de un niño con el fin de visualizar y llenar nuestros ojos de lo que anhelábamos. Colocamos esa foto en nuestro refrigerador, y cada vez que nos sentíamos desanimados o nuestra fe titubeaba, íbamos a la cocina y mirábamos lo que sabíamos que un día nos sería otorgado.

Hoy tenemos cuatro hijos preciosos, y lo más sorprendente es que cuando nació mi hijo Joel, tomamos una foto de él y la pusimos al lado de la que habíamos cortado de la revista. Para nuestro asombro, casi no pudimos diferenciar cuál era la foto real y cuál la página de la revista, pues eran tan idénticas como dos gotas de agua.

Antes de que Abraham fuera la persona que Dios usara para establecer a la nación de Israel, las Escrituras afirman que vino a él la palabra de Jehová en visión, diciendo: «No temas, Abram; yo soy tu escudo, y tu galardón será sobremanera grande. Y respondió Abram: Señor Jehová, ¿qué me darás, siendo así que ando sin hijo, y el mayordomo de mi casa es ese damasceno Eliezer? Dijo también Abram: Mira que no me has dado prole, y he aquí que será mi heredero un esclavo nacido en mi casa. Luego vino a él palabra de Jehová, diciendo: No te heredará éste, sino un hijo tuyo será el que te heredará. Y lo llevó fuera, y le dijo: Mira ahora los cielos, y cuenta las estrellas, si las puedes contar. Y le dijo: Así será tu descendencia. Y creyó a Jehová, y le fue contado por justicia» (Génesis 15:1-6).

Aquí vemos al patriarca Abraham perturbado por aquello que no tenía. Sentía la frustración propia de cuando estamos en un conflicto sin solución. Sin embargo, una vez que el Señor aparece en escena, hace algo de extrema importancia: le pide observar las estrellas del cielo, enfocarse en el cumplimiento de la promesa, mantener sus ojos fijos en lo que sería la culminación de un largo proceso, y el resultado de esto fue que Abraham creyó, su corazón se llenó de fe.

Cuando Moisés envió a doce espías a reconocer la tierra prometida, la Biblia destaca entre ellos a Josué y Caleb, ya que estos dos se enfocaron en el éxito final a diferencia de los otros diez, que se dejaron intimidar por las circunstancias presentes (Números 13).

Sin duda alguna, una de las declaraciones más interesantes que nos muestra la veracidad de este principio divino proviene de la boca de un gran profeta, que dijo: «Porque yo sé los pensamientos que tengo acerca de vosotros, dice Jehová, pensamientos de paz, y no de mal, para daros el fin que esperáis» (Jeremías 29:11). Aquí Dios nos promete darnos la resolución final que estamos esperando. Aquello que anhelamos y ardientemente procuramos.

En el libro de Santiago, cuando el apóstol se refiere a las aflicciones y pruebas por las que atravesaron los profetas que hablaron en el nombre del Señor, cita a Job como uno de los principales ejemplos de victoria sobre las adversidades. Y en este contexto declara: «Habéis visto el fin del Señor, que el Señor es muy misericordioso y compasivo» (Santiago 5:11).

Esto fue lo que Job aprendió y lo que el Espíritu Santo trata de enseñarles a las generaciones venideras, de modo que en medio de su increíble sufrimiento, él declara: «Yo sé que mi Redentor vive, y al fin se levantará sobre el polvo; y después de deshecha esta mi piel, en mi carne he de ver a Dios» (Job 19:25-26). Y exactamente como lo visualizó, así se cumplió, pues al final de su historia vemos el desenlace que había esperado cuando exclamó: «Ahora mis ojos te ven» (Job 42:5).

Unos años atrás, una famosa nadadora intentó romper un récord establecido cruzando el canal de Suez. Ella se encontraba en el pináculo de su carrera y estaba en una excelente condición física, además de que todas las prácticas indicaban que era muy posible que lograra su objetivo. Sin embargo, el día que llevó a cabo su travesía, cuando ya casi llegaba al final, una gran neblina se apoderó del canal. Resultó interesante que a medida que ella avanzaba a través de la densa capa de nubes, pareciera perder las fuerzas. El equipo que la rodeaba en embarcaciones pequeñas no lograba entender la reducción de su velocidad. Poco a poco fue aflojando su ritmo hasta que para sorpresa de sus entrenadores y amigos, se detuvo y se rindió.

Al subir a la barca de inmediato le preguntaron el porqué de su derrota. Entonces ella respondió: «Es que no podía ver la orilla». Lo más impresionante de todo fue que la orilla solo estaba a unos metros de distancia. Sin embargo, el hecho de que no pudiera ver su objetivo final le robó la motivación de seguir avanzando.

Ojalá que esta sea una lección para nosotros y podamos mantener los ojos de nuestra imaginación fijos en el desenlace que esperamos. Que miremos la meta y su recompensa final. Que las circunstancias adversas no nos roben la habilidad de ver el desenlace que Dios nos ha prometido.

> **Que las circunstancias adversas no nos roben la habilidad de ver el desenlace que Dios nos ha prometido.**

CONFIESA TU FE

«Salid mañana contra ellos, porque Jehová estará con vosotros» (2 Crónicas 20:17).

Creo que debemos aclarar que en esta oportunidad el rey Josafat está haciendo una declaración y no orando. Y resulta importante hacer la diferencia, porque las dos son prácticas espirituales importantes, aunque la confesión de fe hasta cierto punto es un tabú en la iglesia cristiana.

En los Evangelios vemos a Jesús hablando de ambos principios: «Porque de cierto os digo que cualquiera que dijere a este monte: Quítate y échate en el mar, y no dudare en su corazón, sino creyere que será hecho lo que dice, lo que diga le será hecho. Por tanto, os digo que todo lo que pidiereis orando, creed que lo recibiréis, y os vendrá» (Marcos 11:23-24). En este pasaje el verbo «decir», aunque en diferentes tiempos, aparece varias veces. Sin embargo, el verbo «orar», también como una forma verbal, solo está presente en una ocasión. De modo que ambas cosas son importantes.

Kenneth Hagin, el gran apóstol de la fe, testificó una vez que el Señor Jesús le habló a su corazón un día diciéndole: «Mi pueblo necesita cuatro veces más mensajes acerca de la confesión de fe que aquellos que recibe sobre la oración». Y creo que esto es cierto, porque los creyentes practicamos cuatro veces más la oración que la confesión de fe.

Así que siendo este un principio tan importante, el Señor Jesús lo practicó delante de sus discípulos en el momento en que le dijo a Jairo acerca de su hija, justo cuando le dieron la noticia de su fallecimiento: «La niña no está muerta, sino duerme» (Marcos 5:39). De acuerdo a la historia, la muerte de la niña ya había sido confirmada, sin embargo, Jesús practicó el principio de la confesión de fe.

Luego vemos de una manera mucho más marcada tal aplicación en el momento que muere su amigo Lázaro, ya que señala: «Esta enfermedad no es para muerte, sino para la gloria de Dios» (Juan 11:4). Y más adelante afirma: «Nuestro amigo Lázaro duerme, más voy para despertarle» (Juan 11:11). En el versículo 23 una vez más le dice a Marta: «Tu hermano resucitará». Y finalmente declaró: «Padre, gracias te doy por haberme oído» (Juan 11:41). ¿A qué se refería el Señor? Para entender esto mejor es importante tener en cuenta lo que Dios afirma en el libro de Números: «Vivo yo, dice Jehová, que según habéis hablado a mis oídos, así haré yo con vosotros» (Números 14:28). Jesús, siendo la esencia misma de su Padre, comprendía con exactitud que lo que confesamos es a la larga lo que Dios nos otorga. Por eso estaba seguro de que Lázaro resucitaría.

Salvación por confesión

Este principio es tan importante que sin él no pudiéramos obtener la salvación, ya que el apóstol Pablo nos enseña que «si confesares con tu boca que Jesús es el Señor, y creyeres en tu corazón que Dios le levantó de los muertos, serás salvo. Porque con el corazón se cree para justicia, pero con la boca se confiesa para salvación» (Romanos 10:9-10).

Y de la misma manera que la salvación es una promesa de Dios que debe creerse y luego confesarse con la boca para que tenga lugar en nuestras vidas, así toda promesa debe pasar por el mismo proceso que incluye gracia, fe y declaración.

Consideremos por ejemplo la promesa de la sanidad física. En momentos de enfermedad, debemos creer en la gracia que nos otorga la promesa a través de la fe, y esta será finalmente recibida por nuestra confesión.

En el Nuevo Testamento leemos: «Mirad también las naves; aunque tan grandes, y llevadas de impetuosos vientos, son gobernadas con un muy pequeño timón por donde el que las gobierna quiere. Así también la lengua es un miembro pequeño, pero se jacta de grandes cosas» (Santiago 3:4-5). Esto nos enseña que las circunstancias no deben dirigir nuestro destino, sino que nosotros por medio de nuestra lengua dictamos el rumbo que tomará nuestra vida a través de los impetuosos vientos.

En Marcos 4:35-41, el Señor Jesús conocía muy bien la tempestad que se levantaría en contra de la embarcación. Siendo el Hijo de Dios ya había visto las olas, el viento y la tormenta, no obstante, estaba confiado en lo que había declarado antes de empezar la travesía, cuando les dijo a sus discípulos: «Pasemos al otro lado».

Debo dejar en claro que el versículo que le dio inicio a este capítulo se originó en un suceso de extrema importancia. Josafat vio el desafío que tenía por delante, sabía a lo que se estaba enfrentando y que se encontraba en desventaja con respecto a su enemigo. Sin embargo, a pesar de eso, confesó con su boca lo que había en su corazón.

Un inventario de tus palabras

La Palabra nos enseña que Jesús pasó por una higuera, y cuando no encontró fruto, la maldijo diciendo: «Nunca jamás coma nadie fruto de ti» (Marcos 11:12-14). Al día siguiente, los discípulos notaron que la frondosa higuera se había secado. Entonces les prometió que lo que declararan con fe sería hecho (Marcos 11:20-26). En cualquier calamidad por la que atravieses, pronúnciate contra ella, declara el favor de Dios, porque lo que dices tiene extremo poder.

En 1 Reyes 17:1-7, el profeta Elías literalmente cerró los cielos decretando una palabra en fe. El profeta confesó que habría sequía hasta que él orara a Dios pidiéndole que enviara la lluvia.

El rey Salomón afirmaba que «hay hombres cuyas palabras son como golpes de espada; mas la lengua de los sabios es medicina» (Proverbios 12:18). De acuerdo a este versículo, las palabras tienen poder para sanar o enfermar, pero nosotros somos quienes escogemos cuál de las dos cosas sucederá.

Es necesario que en medio de tu calamidad hagas un examen mental de las palabras que has hablado sobre tu situación. Un inventario de tus palabras. Existe una gran probabilidad de que si desconoces este principio, muchos de tus problemas se deban a lo que has declarado, y por eso tienes que cambiar esas palabras.

Tal como lo dijera el apóstol Pedro en su epístola cuando advirtió: «El que quiere amar la vida, y ver días buenos, refrene su lengua de mal, y sus labios no hablen engaño» (1 Pedro 3:10).

El poderoso evangelista y misionero alemán Reinhard Bonnke cuenta la historia de su iniciación en el ministerio de sanidad y milagros que hoy preside. Él había reunido a una multitud después de haber invitado a un muy conocido evangelista de África para ministrar la Palabra y desatar la unción de Dios sobre las masas. Camino a la cruzada, recibió una llamada en la que le avisaron que el evangelista invitado no iba a poder asistir a la reunión. Se sintió molesto y triste, con un gran peso en su corazón, así como también preocupado al tener que despedir a una multitud de personas y enviarlas a sus hogares con las manos vacías. Así que se subió a la plataforma, y al tomar el micrófono, escuchó la voz de Dios que le dijo: «Mis palabras en tu boca son tan poderosas como mis palabras en mi boca».

La primera vez ignoró lo que escuchaba. Sin embargo, cada vez que se disponía a despedir a la multitud, la voz repetía lo mismo con fuerza, hasta que comprendió lo que Dios le estaba diciendo. Entonces fue que comenzó a explicar que el reconocido evangelista no estaría con ellos esa noche, pero Dios sí se haría presente. Él anunció milagros y los milagros tuvieron lugar. Y todo por el poder de la confesión de fe.

El famoso inventor de Apple, Steve Jobs, no solo fue conocido por sus creaciones a lo largo de su vida. De acuerdo a la gente que trabajó cerca de él, Jobs tenía una particularidad muy interesante. Cada vez que proponía algo innovador, tal como el tipo de vidrio que iba a usarse en los Iphones o Ipads, o cuando pretendía reducir la velocidad de encendido de un computador, o cuando les ponía una fecha límite para presentar un producto, se ponía en marcha su habilidad de hacer que las cosas sucedieran. En el momento en que sus colegas y empleados le decían que algo era imposible de lograr, cuentan que siempre se volvía hacia ellos y les decía: «Claro que es posible, y tú lo harás». Y así acontecía. Resulta muy interesante que la gente que lo conocía hablara de su «campo de distorsión de la realidad», lo que traducido al lenguaje espiritual puede llamarse una fe que se rehúsa a aceptar un «no».

La enseñanza de Salomón

Salomón afirmaba: «La lengua apacible es árbol de vida» (Proverbios 15:4). En este versículo la palabra «apacible» proviene del término hebreo *marpé*, que tiene varios significados, entre ellos: medicina, sanidad, liberación, placidez, mansedumbre, salud y salvación.

Mi pregunta para ti, amado lector, es: ¿Qué tipo de frutos quisieras ver en tu vida? Y de acuerdo a tu respuesta, así deberá ser tu confesión. ¿Deseas ver sanidad? Entonces declara sanidad. ¿Deseas ver liberación? Declara liberación. ¿Deseas ver salvación? Declara salvación.

En este mismo sentido, la Biblia afirma: «La muerte y la vida están en poder de la lengua, y el que la ama comerá de sus frutos» (Proverbios 18:21). Por tal motivo, en tiempos de angustia y adversidad tu confesión será una herramienta de bendición. Un arma de guerra. Una fuente de poder. Declara vida. Declara salvación. Declara con tus labios lo que quieres ver con tus ojos.

ALABA A DIOS

«Y habido consejo con el pueblo, puso a algunos que cantasen y alabasen a Jehová, vestidos de ornamentos sagrados, mientras salía la gente armada, y que dijesen: Glorificad a Jehová, porque su misericordia es para siempre. Y cuando comenzaron a entonar cantos de alabanza, Jehová puso contra los hijos de Amón, de Moab y del monte de Seir, las emboscadas de ellos mismos que venían contra Judá, y se mataron los unos a los otros» (2 Crónicas 20:21-22).

En el versículo 18 del pasaje que estamos estudiando, el rey Josafat inclina su rostro hacia la tierra en adoración, y los miles de personas que estaban allí hicieron lo mismo. Luego, al levantarse, el rey anuncia que el arma principal que usarán contra el enemigo sería la alabanza (2 Crónicas 20:21).

A lo largo de mi ministerio he observado cómo la iglesia disfruta al máximo de la alabanza y la adoración. Y también he sido testigo de cómo en algunos momentos la música ha desempeñado una función de entretenimiento. No obstante, en muy pocas ocasiones he visto a la iglesia experimentar la revelación y llegar al entendimiento de que la alabanza es un arma contra el enemigo, aunque este es uno de los conceptos más antiguos en las Escrituras.

Los levitas eran los encargados de la alabanza y siempre debían ir primero cuando las tribus marchaban hacia la guerra. Si la batalla pertenece a nuestro Dios, entonces nuestra alabanza y adoración deben ser primordiales en todo conflicto, porque a través de ellas se moviliza su presencia. El que habita entre las alabanzas de Israel (Salmo 22:3), en otras palabras, Dios mismo, se manifiesta en medio de un pueblo que lo alaba.

En los Salmos, vemos que el rey David declara: «Cantad a Jehová cántico nuevo; su alabanza sea en la congregación de los santos. Alégrese Israel en su Hacedor; los hijos de Sión se gocen en su Rey. Alaben su nombre con danza; con pandero y arpa a él canten. Porque Jehová tiene contentamiento en su pueblo; hermoseará a los humildes con la salvación. Regocíjense los santos por su gloria, y canten aun sobre sus camas. Exalten a Dios con sus gargantas, y espadas de dos filos en sus manos, para ejecutar venganza entre las naciones, y castigo entre los pueblos; para aprisionar a sus reyes con grillos, y a sus nobles con cadenas de hierro; para ejecutar en ellos el juicio decretado; gloria será esto para todos sus santos. Aleluya» (Salmo 149).

Aquí vemos al rey David proclamar que la alabanza del pueblo de Dios desataría juicio y venganza sobre sus enemigos. Él fue un poderoso guerrero, pero sabía el poder liberador que desataban sus labios cuando alababa al Señor, ya que en más de una ocasión reveló este secreto mientras componía sus salmos, que dicho sea de paso son cánticos y alabanzas que escribió en medio de sus dificultades.

Existe una gran probabilidad de que David aprendiera a utilizar esta poderosa arma contra las tinieblas mientras se encontraba en el palacio real. La Biblia dice que cuando era joven y trabajaba al servicio del rey, «el Espíritu de Jehová se apartó de Saúl, y le atormentaba un espíritu malo de parte de Jehová. Y los criados de Saúl le dijeron: He aquí ahora, un espíritu malo de parte de Dios te atormenta. Diga, pues, nuestro señor a tus siervos que están delante de ti, que busquen a alguno que sepa tocar el arpa, para que cuando esté sobre ti el espíritu malo de parte de Dios, él toque con su mano, y tengas alivio. Y Saúl respondió a sus criados: Buscadme, pues, ahora alguno que toque bien, y traédmelo. Entonces uno de los criados respondió diciendo: He aquí yo he visto a un hijo de Isaí de Belén, que sabe tocar, y es valiente y vigoroso y hombre de guerra, prudente en sus palabras, y hermoso, y Jehová está con él. Y Saúl envió mensajeros a Isaí, diciendo: Envíame a David tu hijo, el que está con las ovejas. Y tomó Isaí un asno cargado de pan, una vasija de vino y un cabrito, y lo envió a Saúl por medio de David su hijo. Y viniendo David a Saúl, estuvo delante de él; y él le amó mucho, y le hizo su paje de armas. Y Saúl envió a decir a Isaí: Yo te ruego que esté David conmigo, pues ha hallado gracia en mis ojos. Y cuando el espíritu malo de parte de Dios venía sobre Saúl, David tomaba el arpa y tocaba con su mano; y Saúl tenía alivio y estaba mejor, y el espíritu malo se apartaba de él» (1 Samuel 16:14-23).

David pudo comprobar que el don musical que tenía no solo agradaba al Dios que tanto amaba o traía satisfacción a su corazón, sino que literalmente desencadenaba un ataque contra las tinieblas. A tal extremo que los espíritus opresores tenían que salir huyendo ante el poder que invadía a los oprimidos.

Imagínate por un momento que el mismo espíritu que atormentó al rey Saúl sea el causante de las aflicciones que hoy confrontas. Lo lógico sería que en medio de la confrontación puedas alabar a Dios al igual que David, que usó su instrumento, su voz y su corazón a fin de destruir la opresión del enemigo.

Sin embargo, retornemos a lo que aconteció cuando Josafat se enfrentaba a Amón y Moab: «Cuando comenzaron a entonar cantos de alabanza, Jehová puso contra los hijos de Amón, de Moab y del monte de Seir, las emboscadas de ellos mismos que venían contra Judá, y se mataron los unos a los otros. Porque los hijos de Amón y Moab se levantaron contra los del monte de Seir para matarlos y destruirlos; y cuando hubieron acabado con los del monte de Seir, cada cual ayudó a la destrucción de su compañero» (2 Crónicas 20:22-23).

Doce horas

En nuestra iglesia recibimos la instrucción del Señor de que debíamos convocar una jornada de doce horas de alabanza y adoración ininterrumpida. Esto coincidió con uno de los tiempos de mayor efectividad de nuestro ministerio y también con los mayores ataques que el enemigo provocó. Para el efecto, invitamos a varios de los salmistas más ungidos de nuestra generación. Empezamos a las nueve de la mañana hasta las nueve de la noche. Jamás olvidaré cómo la presencia de Dios comenzó a aumentar a tal extremo, que al final del día los milagros empezaron a fluir sin que nadie orara por la gente. Desde ese entonces hemos adoptado este evento como parte de nuestras actividades anuales y cada vez ha ido creciendo más, hasta el punto de que hemos tenido que salir de nuestro santuario principal hacia los coliseos de nuestra comunidad para poder recibir a los asistentes.

Las palabras no pudieran describir realmente cómo nos sentimos al final de una jornada como esta, pues cuando las Escrituras afirman que el Señor volverá con voz de arcángel y con trompeta (1 Tesalonicenses 4:16), creo que esto es una indicación de que él viene a buscar una iglesia que adore y alabe su nombre. Y que precisamente entrará a una eternidad en la que la alabanza será la actividad principal.

Mientras estaba en Filipos, el apóstol Pablo aplicó este mismo principio. Un día, durante el cumplimiento de su llamado a predicar, fue arrestado, azotado y encarcelado junto a su compañero, Silas. Seguramente el estado de ánimo de ellos no era el mejor mientras se encontraban en la cárcel, sin embargo, a la media noche comenzaron a entonar himnos de alabanza. De repente el calabozo comenzó a sacudirse, la tierra tembló, las puertas se abrieron, lo grilletes cayeron de sus manos y ellos quedaron libres (Hechos 16).

Toma el pandero y alábame

Hace algunos años, cuando nuestra iglesia recién comenzaba, mi esposa, la pastora María Gracia, dirigía el ministerio de pandero y danza. Ella disfrutaba mucho esta manera de adorar a Dios. Sin embargo, en cierto momento comenzó a quejarse de un fuerte dolor en su muñeca izquierda, hasta que tuvo que renunciar a ser parte del equipo. Aun así, continuaba instruyendo a las demás jóvenes. No obstante, pasado un tiempo se le descubrió un gran tumor en su muñeca y los doctores tuvieron que intervenirla quirúrgicamente para removerlo. La recuperación tardó bastante tiempo, lo que la llevó a dedicarse a otras áreas de la iglesia y dejar a un lado este ministerio.

En el transcurso de unos tres años y para nuestro asombro y el de los doctores, un tumor dos veces más grande volvió a crecer exactamente en el mismo lugar donde le habían removido el primero. Con la gran diferencia de que este había llegado hasta los tendones que le daban movimiento a los dedos. Así que ya no era solo el dolor lo que la agobiaba, sino la inhabilidad de mover su mano y sus dedos. Nunca olvidaré un viernes por la noche cuando celebrábamos nuestro servicio especial de jóvenes. El gimnasio que alquilábamos estaba repleto y la alabanza se hallaba en pleno fervor. Mi esposa se encontraba orando en silencio y tocándose la muñeca cuando de pronto escuchó la voz de Dios que le dijo: «Toma el pandero y alábame».

Esto no solo parecía absurdo por el gran dolor que sentía, sino porque ya hacía mucho tiempo que ella no hacía tal cosa. Sin embargo, el Señor persistió una y otra vez, invadiendo su corazón con la misma demanda: «Toma el pandero y alábame».

Pude ver cómo mi esposa tomó uno de los panderos y dando un fuerte salto golpeó con su mano el instrumento, y al primer contacto el tumor desapareció por completo delante de nuestros ojos. Esa noche, hace ya muchos años atrás, pudimos experimentar el verdadero poder de la alabanza.

El poderoso evangelista R. W. Schambach cuenta una interesante historia de cierta ocasión en la que predicaba en una iglesia de Texas. En medio del servicio, observó a una mujer empujar una silla de ruedas hacia el altar. A primera vista la mujer parecía un cadáver viviente envuelto en una sábana blanca, pues había sido desahuciada y enviada a su casa a morir, ya que los doctores no veían solución alguna.

Su hermana, a pesar de la recomendación de los médicos, decidió que viniera delante de este hombre de Dios. Él cuenta cómo esta mujer encontró un lugar en la esquina del altar y casi sofocada y sin fuerzas comenzó a exclamar: «Por favor, Jesús». Ella tomaba aliento, derramaba algunas lágrimas y volvía a repetir: «Por favor, Jesús».

Después de escucharla una y otra vez pronunciar esta frase, el evangelista se acercó a ella y le dijo al oído:

«Cambia el "por favor" por un "gracias"». Entonces la mujer, obediente, comenzó a repetir de la misma manera y con la misma angustia: «Gracias, Jesús. Gracias, Jesús. Gracias, Jesús».

Sin embargo, luego de una decena de veces, ante la atenta mirada de la gente, algo increíble sucedió. La mujer que parecía un cadáver viviente y oraba con dificultad se incorporó de repente, y sin la ayuda de nadie, apartó el tanque de oxígeno, empujó su silla de ruedas, y salió corriendo y gritando: «Gracias, Jesús. Gracias, Jesús. Gracias, Jesús». Luego fue confirmado que la mujer fue sanada por completo, dando testimonio una vez más del poder de la alabanza.

> **En medio de toda circunstancia adversa, levanta tu voz y alaba.**

En medio de toda circunstancia adversa, levanta tu voz y alaba. En las pruebas y en medio de los problemas, bendice a Dios y recibe la remuneración de tu adoración. A través de ella la intervención divina destruirá todo aquello que se levanta contra ti y los tuyos. Prorrumpe en alabanza y jubilo. Alaba a Dios y prepárate para recibir la liberación de todo lo que el enemigo ha traído.

CREE

«Y cuando se levantaron por la mañana, salieron al desierto de Tecoa. Y mientras ellos salían, Josafat, estando en pie, dijo: Oídme, Judá y moradores de Jerusalén. Creed en Jehová vuestro Dios, y estaréis seguros; creed a sus profetas, y seréis prosperados» (2 Crónicas 20:20).

¡Cuán importante es la fe! En realidad, este es el capítulo que conecta a todos los anteriores, porque la fe es en verdad el origen y la consumación de toda victoria en medio de los conflictos.

El escritor de la epístola a los Hebreos declara: «Por fe conquistaron reinos, hicieron justicia, alcanzaron promesas, taparon bocas de leones, apagaron fuegos impetuosos, evitaron filo de espada, sacaron fuerzas de debilidad, se hicieron fuertes en batallas, pusieron en fuga ejércitos extranjeros...» (Hebreos 11:33-34).

Era evidente que el rey Josafat conocía el poder de la fe, pues esta fue una de las órdenes más imperativas que le dio al pueblo. No le habló como si le proporcionara un consejo o una sugerencia, Josafat estaba ordenándole al pueblo que creyera.

Resulta interesante que a través de los años jamás haya encontrado a un cristiano que esté en desacuerdo con la «omnipotencia» de Dios, una doctrina que reconoce al Señor como todopoderoso y capaz de hacer posible lo que es imposible para los hombres. Poner en duda esto sería ignorar por completo las Escrituras, pues ellas nos enseñan que «nada hay imposible para Dios» (Lucas 1:37).

Sin embargo, es la misma Biblia la que también nos enseña un concepto que se deriva de la omnipotencia de Dios cuando nos recuerda que «al que cree todo le es posible» (Marcos 9:23), un concepto que ha venido a ser un poco controversial para los cristianos, pues por alguna razón nos hace sentir como si todo dependiera de nosotros cuando la realidad es totalmente opuesta.

Algunas versiones de la Biblia traducen la palabra «creer» como «depender», «apego» y «apoyo». Lo que nos da a entender que cuando tenemos fe, al contrario de ser autónomos, dependemos más del Señor. Es por eso que la Biblia nos recuerda que todo lo que tiene que ver con la fe agrada a Dios. Y la razón por la que la fe nos da la habilidad para hacer todas las cosas posibles reside simplemente en que nos da acceso a la omnipotencia de Dios.

La fe actúa como el proverbial «sexto sentido». Los seres humanos tenemos cinco sentidos naturales. La vista, el olfato, el gusto, el tacto y el oído. Todos ellos nos permiten ponernos en contacto con el mundo natural. A través de los mismos percibimos las cosas, los olores, los sabores, los ruidos, etc.

Y en lo espiritual, la fe viene a desempeñar la misma función. No obstante, en lugar de conectarnos con el mundo natural, ella es el medio que nos comunica y nos da acceso a lo sobrenatural. Cuando creemos, podemos recibir de Dios lo que solo él puede darnos.

> **Cuando creemos, podemos recibir de Dios lo que solo él puede darnos.**

En Hebreos 11:3 se nos dice que la creación de todo lo material provino de lo sobrenatural. Lo que se ve fue hecho de lo que no se veía. Así sucede en la vida del creyente. La fe nos permite trasladar del mundo espiritual al mundo físico lo que necesitamos. La fe es la certeza y la sustancia de las cosas que esperamos. Cuando creemos, la fe desata la sustancia por la cual se crea lo material a partir de lo inmaterial.

Este fue el caso del apóstol Pedro cuando creyó y poniendo sus pies sobre el agua caminó sobre algo sólido. Cada vez que crees, desatas una reacción en cadena por medio de la cual se materializa lo que necesitas y se manifiesta en el mundo natural.

La fe que crece

Ahora bien, es muy importante que entendamos que una fe de cincuenta centavos no puede resolver un conflicto de un dólar. Resulta imprescindible que la fe crezca para poder confrontar cualquier circunstancia adversa.

Existe una tradición en la iglesia cristiana que se ha convertido en una piedra de tropiezo para muchos en lo que se refiere al desarrollo de su fe debido a lo distante que la misma se encuentra de la realidad bíblica. Estoy seguro de que habrás escuchado a alguien decir: «No necesito tener una gran fe, ya que con una fe del tamaño de un grano de mostaza es suficiente para ver grandes cosas».

Expresiones como estas son resultado de un mal entendimiento de ciertos versículos esenciales sobre la fe.

Analicemos lo que Jesús dice en Mateo 17:20: «De cierto os digo, que si tuviereis fe como un grano de mostaza, diréis a este monte: Pásate de aquí allá, y se pasará; y nada os será imposible».

Lo primero que debo destacar es que en este pasaje Jesús estaba hablando del poder de la fe para echar fuera a un espíritu inmundo. Lo segundo es que nunca habló de una fe del *tamaño* de un grano de mostaza, sino más bien de una fe *como* un grano de mostaza.

Nótese la palabra «como», la cual resulta muy importante, pues Jesús se estaba refiriendo al proceso por medio del cual una semilla de mostaza crecía. Las Escrituras explican esto: «Es como el grano de mostaza, que cuando se siembra en tierra, es la más pequeña de todas las semillas que hay en la tierra; pero después de sembrado, crece, y se hace la mayor de todas las hortalizas, y echa grandes ramas, de tal manera que las aves del cielo pueden morar bajo su sombra (Marcos 4:31-32).

Cuando tomamos estos versículos y los analizamos a la luz de lo que Pablo dijo: «Si tuviese toda la fe, de tal manera que trasladase los montes» (1 Corintios 13:2), nos damos cuenta de que solo una fe grande puede mover montañas y por ende ordenarles a las tinieblas dejar un lugar y trasladarse a otro. Además, vale la pena también señalar que la enseñanza de la semilla de mostaza vino a causa de una petición de los discípulos: «Señor, auméntanos la fe».

El nivel de nuestra fe determina el nivel de nuestra victoria.

Ha habido momentos en nuestro ministerio en que he tenido que creer que Dios proporcionaría una entrada mensual para cubrir el funcionamiento diario. Un presupuesto que en muchos casos llegaba a los miles de dólares. A medida que la necesidad aumentaba, se incrementaban los retos del ministerio, y por lo tanto era necesario que mi fe creciera también. Y esto es cierto hasta el día de hoy, en que hemos tenido que creerle a Dios con relación a los varios millones de dólares necesarios para continuar el agresivo alcance de las almas que caracteriza al ministerio Segadores de Vida.

Por lo tanto, podemos concluir que las aflicciones que confrontamos son un ejercicio para nuestra fe que nos llevará a obtener mayores victorias.

Cuando David se vio frente al gigante Goliat, él pudo decir: «Jehová, que me ha librado de las garras del león y de las garras del oso, él también me librará de la mano de este filisteo» (1 Samuel 17:37). Sus retos crecieron y su fe también.

Mientras lees las palabras contenidas en este libro, tu fe está ensanchándose de una manera sobrenatural. Y el resultado que hemos creído para todo aquel que de corazón devora la Palabra de Dios contenida en estas páginas es una grande y poderosa victoria. Un triunfo sobre la adversidad presente que lo llevará a grandes victorias en los retos futuros.

A mi memoria viene una historia acerca de ese gran evangelista llamado George Müller. Se cuenta que en la ciudad de Londres, un hombre muy acaudalado estaba vendiendo un palacio. Él había creado una oficina para los corredores de bienes raíces en ese lugar, los cuales registraban las ofertas y le mostraban la lujosa propiedad cada día a quizás los hombres más pudientes de esa sociedad en aquel tiempo.

Indudablemente, la gigantesca casa había generado mucho interés para este tipo de personas, quienes luego de ver la propiedad dejaban su oferta registrada para que la revisara el dueño, el cual estaba interesado no solo en una gran cantidad de dinero, sino en que la casa pasara a manos prestigiosas.

Un día, una persona muy diferente llegó al lugar. Este hombre no alardeaba del mismo tipo de poder e influencia que los otros individuos que habían estado allí, pues su autoridad era muy distinta a la de ellos. Y no solo esto resultó extraño para los corredores de bienes raíces, sino también el uso que este individuo pensaba darle a la lujosa propiedad.

Este hombre en cuestión era George Müller, y deseaba comprar la propiedad con el fin de abrir un orfanato. Ante esta proposición, sumada a la más ridícula oferta que hubieran recibido los corredores, lo echaron del lugar. ¿Cómo se atrevía ese hombre a ofrecer casi cien veces menos del precio deseado?

Al final del día el dueño de la propiedad llegó a averiguar cuántas ofertas se habían hecho. Los corredores le respondieron que solo una, pero que era tan ridícula que no deseaban perder el tiempo en discutirla. Al dueño le pareció bien, pero cuando salía de la casa su curiosidad le hizo dirigirse al libro donde se anotaban las ofertas.

Cuando sus ojos se fijaron en la última línea, se quedó pasmado al ver el nombre del gran predicador. Rápidamente, con una voz casi temerosa y un gran sentido de urgencia, les dijo a los corredores: «Dense prisa, llamen a este hombre y acepten lo que les ofreció».

Los hombres asombrados le preguntaron: «¿Cómo puede ser posible, si es la peor oferta que nos han hecho?».

Entonces el dueño contestó: «Veo que no saben quién es este hombre. Se trata de George Müller, el hombre más poderoso en la fe que jamás he conocido. Y estoy seguro de que si en este momento está orando para que le demos este palacio gratuitamente, de alguna forma le será concedido. Por lo tanto, aceptemos lo que ofrece para quedarnos con algo en nuestras manos».

Creo que esta historia ilustra lo que es crecer en la fe, ya que este gran hombre de Dios comenzó literalmente orando por la ración alimenticia diaria para los niños del orfanato, y cada mañana mientras él oraba, Dios le daba la orden a un granjero de llevar leche y a un panadero de suministrarles el pan, y antes de que los niños se sentaran en la mesa del desayuno, todo había sido provisto. Sin embargo, a medida que su ministerio fue alcanzando más relevancia y con ello vinieron más grandes retos, mayor también fue su fe para provocar enormes milagros y soluciones mucho más poderosas a los conflictos.

Niveles de fe

En la vida de los discípulos podemos apreciar diferentes niveles de fe. Y creo necesario explicarlos para un mejor entendimiento de este tema, pues cada nivel de fe tiene sus características individuales:

Primer nivel de fe: Ninguna fe

«Y les dijo: ¿Por qué estáis así amedrentados? ¿Cómo no tenéis fe?» (Marcos 4:40).

Resulta obvio que este es el nivel más bajo de la fe, donde ciertamente se evidencia una fe natural. Se trata de la fe con la que el hombre vive todos los días. Es la fe que hace que un hombre conduzca su automóvil confiando en que no tendrá un accidente. La fe que le permite dormir creyendo que se despertará al otro día. La fe que hace posible que se siente en un restaurante y coma relajado junto a los demás, sin temor de que el techo se caiga, la comida lo envenene o la silla se rompa. Sin embargo, como mencioné antes, este tipo de fe natural no sirve para contrarrestar problemas mayores o sobrenaturales. En Marcos 4:40 los apóstoles ciertamente tuvieron fe para embarcarse a la mar, pero no para enfrentar la tormenta. Este nivel es vulnerable al temor. Gramaticalmente hablando, el antónimo de fe sería incredulidad o duda, no obstante, en el contexto espiritual el antónimo de la fe es el temor. Debido a esto, en más de una ocasión escuchamos a Jesús decir: «No temas, cree solamente». La mejor definición del temor es «tener fe en el diablo o su poder». Y de la misma manera que la fe en Dios produce resultados

> **Y de la misma manera que la fe en Dios produce resultados positivos y milagrosos, el temor también produce resultados negativos y destructivos.**

positivos y milagrosos, el temor también produce resultados negativos y destructivos.

En el libro de Job encontramos que él dice: «El temor que me espantaba me ha venido, y me ha acontecido lo que yo temía» (Job 3:25). Tus temores atraen tus derrotas. Tu fe engendra tus victorias.

Segundo nivel de fe: Poca fe

«Al momento Jesús, extendiendo la mano, asió de él, y le dijo: ¡Hombre de poca fe! ¿Por qué dudaste?» (Mateo 14:31).

Obviamente podemos darnos cuenta de que la «poca fe» nos habla de un nivel superior a «ninguna fe». De todas maneras, este nivel se caracteriza porque te empuja a dar tus primeros pasos en lo sobrenatural, pero al ser susceptible a la duda, no te permite alcanzar tus objetivos finales.

Jesús les dijo a sus discípulos: «Cualquiera que dijere a este monte: Quítate y échate en el mar, y no dudare en su corazón, sino creyere que será hecho lo que dice, lo que diga le será hecho» (Marcos 11:23). Con esto les recordaba que la duda podía detener los milagros.

En Santiago 1:6, el apóstol nos exhorta a pedir sin dudar. En el mismo versículo ilustra la duda comparándola a la onda del mar, que ciertamente es movida por el viento y llevada de un lugar a otro.

Tal fue el caso de Pedro en este nivel de fe. Él fue capaz de vencer el temor que experimentaban los otros que estaban en la barca, un temor que los hizo permanecer allí. Pedro tuvo un poco de fe como para comenzar a caminar sobre las aguas, hasta que sus dudas lo desenfocaron y lo llevaron a hundirse.

¿Has comenzado alguna travesía en tu vida donde ves la mano de Dios con señales sobrenaturales sobre ti y de repente el ímpetu con el que te movías se desvanece como una ola del mar? ¿Y todo esto por los pensamientos que atentaron contra tu fe? La solución para erradicar estas cosas de tu vida es desarrollar tu fe hasta que tu vulnerabilidad hacia la duda desaparezca.

En Judas 1:22 dice: «A algunos que dudan, convencedlos». La palabra convencer tiene que ver con alcanzar una seguridad que no admite incertidumbre. En Romanos 4:20 la Biblia también nos habla de Abraham, el padre de la fe, quien «tampoco dudó [...] sino que se fortaleció en fe».

Tercer nivel de fe: Una fe grande

«Entonces respondiendo Jesús, dijo: Oh mujer, grande es tu fe; hágase contigo como quieres. Y su hija fue sanada desde aquella hora» (Mateo 15:28).

Esta es una fe que alcanza un nivel tan alto, que hace que Dios desate todo lo que tu corazón desea o necesita. No se intimida y no es susceptible a nada. Ni a las tradiciones, ni a las barreras, y tampoco se desanima ante las negativas divinas. Es el tipo de fe que emociona, deleita y agrada a nuestro Dios.

Esta mujer era cananea, y por lo tanto estaba ajena a los pactos y promesas del Dios de Israel. Debido a esto, los judíos que seguían al Maestro la reciben con un animoso rechazo. Incluso la primera respuesta de Jesús la pone en desventaja y revela su ignorancia de los planes divinos. Sin embargo, cuando la fe alcanza este nivel, nunca recibe un no por respuesta. Al contrario, encuentra decididamente soluciones inimaginables para la mente de los mortales.

Cuarto nivel de fe: Una fe excepcional

«Al oírlo Jesús, se maravilló, y dijo a los que le seguían: De cierto os digo, que ni aun en Israel he hallado tanta fe» (Mateo 8:10).

Este nivel de fe tiene el poder no solo de suplir tus necesidades sobrenaturalmente, sino de motivar la admiración de

Dios y la promoción divina delante de los demás. Este fue el caso del centurión, a quién Jesús mismo alabó por su fe. Un hombre de un mayor nivel espiritual que muchos en el pueblo de Israel.

Este nivel de fe se caracteriza por hacer mover la mano de Dios de maneras nunca antes vistas. Se trata de la fe que evidencian los hombres que Dios usa a nivel de multitudes alrededor del mundo. Esta fe promueve el bienestar de otros y no solo el propio. Desafía las normas establecidas y los paradigmas conocidos. Y a pesar de que es propia de los grandes hombres de Dios, no es exclusiva de ellos, pues Jesús revela que muchos desconocidos (desprovistos de un legado espiritual) estarán al lado de aquellos que tienen una gran estatura para Dios.

Cómo crece la fe

El proceso por medio del cual crece la fe, al que nos referimos anteriormente en el pasaje de Marcos 4:3-32, comienza con la llegada de una palabra de Dios. Esta palabra se introduce en el corazón del individuo en forma de simiente o semilla, y tiene que pasar por un período de gestación en el cual en realidad solo obra en lo interno, sin producir señales visibles de vida. Esta primera etapa demanda la meditación de la palabra hasta apropiarnos de ella. La Biblia habla de cómo la semilla una vez sepultada es vivificada por Dios (1 Corintios 15:36). Y este es el proceso interno necesario para que la fe crezca.

Luego esa semilla brota de la tierra y ahora se hace visible. En este momento ya no se afecta solo el interior del individuo, sino sus actitudes externas, su manera de comportarse, hablar y actuar. En esta etapa del desarrollo de la fe resulta imprescindible la nutrición, el oxígeno y el agua. Cada una de las cosas que simbolizan la presencia de Dios y la constante comunión con él para que continúe el crecimiento.

Finalmente, llega la etapa de los frutos, en la que otros pueden beneficiarse y testificar de tu fe.

El punto que he querido demostrar aquí es que tal como un agricultor tiene la responsabilidad de cultivar su tierra, cada creyente debe cultivar su fe. Por lo tanto, permíteme mencionarte ciertos aspectos prácticos para hacer que nuestra fe crezca.

Lo que oímos

«Así que la fe es por el oír, y el oír, por la palabra de Dios» (Romanos 10:17), afirmaba el apóstol Pablo. Y yo agrego que la incredulidad viene por oír lo que se opone a la Palabra de Dios.

La historia del ciego Bartimeo es un claro ejemplo de esto, pues su fe aumentó cuando oyó hablar de Jesús (Marcos 10:46-52), mientras que en Mateo 13:14-15 vemos cómo rehusarse a oír la Palabra provocaba que muchos no recibieran la sanidad de parte del Señor.

¿Qué tipo de palabra estás escuchando? Porque el grado de tu fe se corresponde con lo que entra por tu oídos. Soy un fiel creyente de que aun la música que escuchamos afecta la forma en que creemos. En 2 Timoteo 4:3-4 se nos describe un tiempo donde la Palabra en muchos púlpitos de Dios será sustituida por las fábulas, lo que provocará un debilitamiento en la fe del pueblo de Dios.

Recuerdo el testimonio de Kenneth Hagin, el gran apóstol de la década de 1980, quien afirmaba que su fe en la Palabra era tal, que en muchas ocasiones cuando llegaban a su iglesia personas con problemas mentales no oraba por ellos de inmediato. Más bien exhortaba a los familiares a sentarlos en la primera fila a fin de que servicio tras servicio escucharan las palabras de Dios. En muchos de los casos, la Palabra misma despejó las

> ¿Qué tipo de palabra estás escuchando? Porque el grado de tu fe se corresponde con lo que entra por tu oídos.

tinieblas de las mentes y produjo la fe necesaria en sus espíritus para recibir el milagro que tanto necesitaban.

Lo que vemos

En Juan 20:24-29 encontramos a uno de los discípulos de Jesús necesitando ver para creer. Esto siempre ha sido objeto de debate, pues a pesar de que el mismo Jesús declaró: «Bienaventurados los que no vieron y creyeron» (v. 29), entendiendo el principio espiritual del crecimiento de la fe también permite que Tomás vea y luego le dice: «No seas incrédulo, sino creyente» (v. 27).

El Mateo 28:6, el ángel de la resurrección les indica a María Magdalena y la otra María: «Venid, ved el lugar donde fue puesto el Señor», y les muestra la tumba vacía a fin de incrementar la fe de estas mujeres.

Asimismo, el Señor Jesús enseñó que los ojos son la lámpara del cuerpo, lo cual quiere decir que lo que vemos trae la luz de Dios a nuestro interior, un entendimiento que produce fe, por eso en más de una ocasión el salmista dijo: «Venid y ved las obras de Jehová».

Debemos ser en extremo cuidadosos con lo que nuestros ojos ven. Indudablemente, somos una generación más visual que cualquiera otra pasada. Estamos siendo bombardeados con imágenes que pueden causar estragos en nuestra fe. Muchas veces los cristianos, en su afán de ser relevantes en medio de la sociedad en la que viven, se saturan de la morbosidad de las noticias, que más que informativas han venido a ser un entretenimiento macabro. Es muy fácil comprobar lo dicho cuando luego de una dosis de noticieros nos sentimos desesperanzados y sin fuerza.

En Génesis 13:14-15 se nos indica: «Y Jehová dijo a Abram, después que Lot se apartó de él: Alza ahora tus ojos, y mira desde el lugar donde estás hacia el norte y el sur, y al oriente y al occidente. Porque toda la tierra que ves, la daré a ti y a tu descendencia para siempre».

A pesar de ser Abraham el padre de la fe, el Señor vio la necesidad de mostrarle la tierra con el fin de que su fe se solidificara y pudiera enfrentar los retos que tenía por delante. Nosotros, siendo hijos de Abraham, para fortalecer nuestra fe debemos llenar nuestros ojos de las cosas que provienen de Dios.

Lo que hacemos

La fe puede compararse a un músculo de nuestro cuerpo. Mientras más se ejercita, más se fortalece y crece. Tal fue el caso en la vida de David. En 1 Samuel 17:34-37, vemos que David explica cómo su confianza y su fe para derrotar a Goliat fueron producto de algunos ejercicios de fe, los cuales comenzaron con retos menores como sus enfrentamientos con el oso y el león.

Dios siempre te dará retos que vayan de acuerdo a tu nivel de fe. Y al obtener la victoria en esos retos, tu fe crecerá. Hoy en día nuestro ministerio alcanza a las multitudes alrededor del mundo, sin embargo, no comenzó así. Ciertamente en la actualidad nuestros retos son mayores, pero nuestra fe para obtener la victoria en Cristo Jesús también lo es.

La Palabra afirma: «¿No ves que la fe actuó juntamente con sus obras, y que la se se perfeccionó por las obras?» (Santiago 2:22). Ejercita tu fe constantemente. No dejes de ser fiel en lo poco, porque él te pondrá sobre mucho (Mateo 25:21). Los pequeños pasos en Dios con el tiempo te llevarán a grandes distancias.

Imitemos la fe de otros

En Mateo 14:28 vemos a Pedro inspirado a creer como su Maestro y Señor, deseando caminar en lo sobrenatural. Lo que él vio en Jesús en ese momento desató un deseo de imitar la fe de su Señor.

En Hebreos 13:7 también se nos exhorta diciendo: «Acordaos de vuestros pastores, que os hablaron la palabra de Dios; considerad cuál haya sido el resultado de su conducta, e imitad su fe». Como ya hemos dicho antes, oír la Palabra incrementa la fe. Y debido a que nuestros pastores son conocedores de la Palabra y fuertes en la fe, se nos exhorta a imitarlos.

El término griego que se traduce aquí como «imitar» es *mimic*. Estoy seguro de que en algún momento has presenciado un espectáculo de pantomimas, donde silenciosamente los artistas imitan los movimientos de otros. Del mismo modo, mientras imitamos y seguimos las pisadas de los grandes hombres de Dios, nuestra fe crece.

Hebreos 6:12 nos dice que seamos «imitadores de aquellos que por la fe y la paciencia heredan las promesas». En 1 Corintios 4:16, el apóstol Pablo también nos exhorta: «Os ruego que me imitéis», y en 1 Corintios 11:1 nos aconseja: «Sed imitadores de mí, así como yo de Cristo».

Una de las historias más interesantes que ejemplifica este poderoso principio bíblico es la de la relación ministerial entre Elías y Eliseo. Paso a paso, Eliseo imitó las obras de fe de Elías. En 2 Reyes 2:14 incluso se indica que golpeó las aguas con el manto de su mentor del mismo modo que él lo hizo. El Señor Jesús también dijo: «Bástale al discípulo ser como su maestro» (Mateo 10:25), dando a entender que nuestra fe debería ser como la de la persona de quien recibes instrucción, aquel que es tu líder y padre espiritual.

Existe algo curioso que acontece todo el tiempo en nuestro ministerio y ha ido proliferándose a través de los años, y tiene que ver con cómo los niños de nuestra iglesia imitan mi forma de orar, predicar y ministrar. Esto ha llegado a tal extremo que aun en las redes sociales existen varios vídeos mostrados por los padres que ellos consideran entretenidos y chistosos.

Sin embargo, hay también una gran cantidad de testimonios originados por esta práctica, pues los niños, adoptando mi estilo, oran por sus familiares imponiendo sus manos de la misma forma que yo lo hago, ejerciendo autoridad, y con la completa fe de que Dios obrará y hará milagros.

Resulta importante señalar que no podemos imitar una unción, pero si con una fe como la de un niño somos capaces de creer que esta puede fluir a través de nosotros, la unción fluirá, los milagros tendrán lugar, y saldrás vencedor frente a tu adversidad.

CONCLUSIÓN

Como dije al comienzo de este libro, los problemas, las calamidades y la aflicción son parte de la vida y resultan necesarios, porque al final sin guerras no hay victorias.

No obstante, creo de todo corazón que en estas páginas Dios ha podido revelar los principios necesarios para que puedas hacerle frente a cualquier ataque que estés atravesando.

Estas verdades, cuando son puestas en práctica, se convierten en herramientas que nos ayudan a obtener las victorias que anhelamos. Y estas herramientas te convertirán en un vencedor ante las pruebas de la vida, ya que por más difícil que sea tu situación, ten por seguro que podrás salir adelante si decides enfrentarla.

Así que no te detengas. Es hora de apropiarte de tu bendición. Es tiempo de vencer la adversidad.

Tía Isbel: 66167450711

Nos agradaría recibir noticias suyas.
Por favor, envíe sus comentarios sobre este libro
a la direccieon que aparece a continuación.
Muchas gracias.

Vida@zondervan.com
www.editorialvida.com